重庆文化研究 癸卯冬

Chongqing Cultural Research | 蔡武 题

《重庆文化研究》出版工作小组

主　任	冉华章
副主任	朱　茂
成　员	潘文亮　许战奇　韩小刚　刘雪峰
	宋俊红　严小红　高　扬　牟元义
	刘德奉　张书源
主　编	牟元义
执行主编	黄剑武
编　委	黄剑武　周津箐　魏　锦　邹俊星

重庆市文化和旅游研究院
重庆市非物质文化遗产保护中心　编
重庆市文化和旅游规划院

西南大学出版社
国家一级出版社　全国百佳图书出版单位

图书在版编目(CIP)数据

重庆文化研究.癸卯冬/重庆市文化和旅游研究院,重庆市非物质文化遗产保护中心,重庆市文化和旅游规划院编.--重庆:西南大学出版社,2023.11
ISBN 978-7-5697-2079-2

Ⅰ.①重… Ⅱ.①重… ②重… ③重… Ⅲ.①地方文化—研究—重庆—2023 Ⅳ.①G127.719

中国国家版本馆CIP数据核字(2023)第230501号

重庆文化研究 癸卯冬
CHONGQING WENHUA YANJIU GUI-MAO DONG

重庆市文化和旅游研究院、重庆市非物质文化遗产保护中心、重庆市文化和旅游规划院 编

责任编辑:	畅 洁
责任校对:	王传佳
书籍设计:	杨 涵
排　　版:	杜霖森
出版发行:	西南大学出版社(原西南师范大学出版社)
地　址:	重庆市北碚区天生路2号
邮　编:	400715
市场营销部电话:	023-68868624
经　　销:	新华书店
印　　刷:	重庆紫石东南印务有限公司
幅面尺寸:	210 mm×285 mm
印　　张:	9.25
插　　页:	6
字　　数:	248千字
版　　次:	2023年11月 第1版
印　　次:	2023年11月 第1次印刷
书　　号:	ISBN 978-7-5697-2079-2
定　　价:	35.00元

担负起新的文化使命

2023年6月2日，习近平总书记在文化传承发展座谈会上发表重要讲话，强调"在五千多年中华文明深厚基础上开辟和发展中国特色社会主义，把马克思主义基本原理同中国具体实际、同中华优秀传统文化相结合是必由之路"。

习近平总书记在讲话中指出，历史正反两方面的经验表明，"两个结合"是我们取得成功的最大法宝。

我们要深刻理解"两个结合"的重大意义。

第一，"结合"的前提是彼此契合。马克思主义和中华优秀传统文化来源不同，但彼此存在高度的契合性。相互契合才能有机结合。

第二，"结合"的结果是互相成就。让马克思主义成为中国的，中华优秀传统文化成为现代的，让经由"结合"而形成的新文化成为中国式现代化的文化形态。

第三，"结合"筑牢了道路根基。让中国特色社会主义道路有了更加宏阔深远的历史纵深，拓展了中国特色社会主义道路的文化根基。中国式现代化赋予中华文明以现代力量，中华文明赋予中国式现代化以深厚底蕴。

第四，"结合"打开了创新空间。让我们掌握了思想和文化主动，并有力地作用于道路、理论和制度。更重要的是，"第二个结合"是又一次的思想解放，让我们能够在更广阔的文化空间中，充分运用中华优秀传统文化的宝贵资源，探索面向未来的理论和制度创新。

第五，"结合"巩固了文化主体性。创立新时代中国特色社会主义思想就是这一文化主体性的最有力体现。

"第二个结合"，是我们党对马克思主义中国化时代化历史经验的深刻总结，是对中华文明发展规律的深刻把握，表明我们党对中国道路、理论、制度的认识达到了新高度，表明我们党的历史自信、文化自信达到了新高度，表明我们党在传承中华优秀传统文化中推进文化创新的自觉性达到了新高度。

习近平总书记在文化传承发展座谈会上发表的重要讲话,深刻论述了"两个结合"的重大意义,深入阐明了"两个结合"的丰富内涵,对于我们更好担负起新的文化使命,不断推进马克思主义中国化时代化,在新的历史起点上继续推动文化繁荣、建设文化强国、建设中华民族现代文明,意义重大,影响深远。

作为文化工作者,我们要认真学习贯彻习近平总书记重要讲话精神,立足波澜壮阔的中华五千多年文明史,理解中国道路的历史必然、文化内涵与独特优势,坚定文化自信,秉持开放包容,坚持守正创新,担负起在新的起点上继续推动文化繁荣、建设文化强国、建设中华民族现代文明的文化使命,为建设社会主义文化强国、实现中华民族伟大复兴中国梦作出新的更大贡献!

目 录

政策研究
1 建设现代文明 贡献重庆力量
　　——重庆文化传承发展学术研讨会实录

文化生态
29 重庆市渝东南生态保护区系列研究成果之一

文艺评论
44 原生民歌系列评论

基础研究
72 回望"重庆文化体系"的来路
　　——对"重庆文化体系"的学术史研究　周勇
90 重庆非遗舞蹈传承人调查与研究　王海涛

巴渝文化
96 施黉古驿文化探究　田成才
106 渝东南岁时民俗文化概述　向笔群

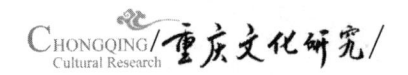

人物风采

115 闫永霞

　　——用针线"透视"斑斓世界　刘雨鑫、王诗雨、凌艺菲

文化记忆

123 从在重庆举办抗战画展到东方之笔的张大千　胡平原

艺文空间

131 艺苑

143 长江母亲

　　——读《长江文明》笔记　刘德奉

149 用生花妙笔，写刻骨深情

　　——读傅天琳散文集《天琳风景》　海清涓

建设现代文明 贡献重庆力量
——重庆文化传承发展学术研讨会实录

【编者按】 2023年11月16日，重庆市文化和旅游研究院举办了专题性的"重庆文化传承发展学术研讨会"，邀请了文化、艺术、旅游产业等领域的专家、学者。各位专家、学者围绕习近平总书记在文化传承发展座谈会上的重要讲话，特别是讲话中所提出的"两个结合"，针对如何在建设中华民族现代文明中发挥重庆作用，发表了自己的观点。本研讨会由刘德奉主持，我们通过实录的形式，将各位专家、学者的发言刊载如下。

刘德奉（重庆市文化和旅游研究院原院长）：

尊敬的各位专家、学者，大家上午好！

今天，我们把大家请到一起，主要是就如何贯彻习近平总书记在文化传承发展座谈会上的重要讲话，特别是讲话中所提出的"两个结合"，建设中华民族现代文明，推动重庆文化传承发展，进行学术研讨。

2023年6月2日，习近平总书记在文化传承发展座谈会上发表了重要讲话。这一重要讲话从党和国家事业发展的全局战略高度，对中华文化传承发展的一系列重大理论和现实问题作了全面、系统、深入的阐述，具有很强的政治性、思想性、战略性、指导性。讲话指出："在五千多年中华文明深厚基础上开辟和发展中国特色社会主义，把马克思主义基本原理同中国具体实际、同中华优秀传统文化相结合是必由之路。这是我们在探索中国特色社会主义道路中得出的规律性认识。……'两个结合'是我们取得成功的最大法宝。"这一重大的理论贡献，是以习近平同志为核心的党中央的集体智慧，是中国式现代化的重要思想引领。

在文化传承发展座谈会后，全国各界对习近平总书记的重要讲话进行了认真学习和贯彻。特别是理论界的专家、学者，站在人类社会发展的高度，站在文化发展规律的高度，站在建设文化新形态的高度，站在中国式现代文化需要的高度，站在建设文化强国的高度，从理论层面、宏观层面、系统层面等，发表了许多理论文章，为深化对"两个结合"的认识，指导"两个结合"的实践，发挥了引导作用。

但是，在省市级层面，如何做好"两个结合"，建设现代文明，推动地方文化发展，是一个需要认真研讨的问题。近来，有的省市开展了一些学术活动，结合当地实际提出了一些好的思想和办法。在重庆，全市上下，特别是宣传文化系统，开展了深入的学习和讨论，取得了很好的效果。

今天，我们在大家深入学习与研究的基础上进行学术性的研讨，这些探讨既包含前期的理论思考积淀，又有近来的深入实践探索，具有思想性和可操作性。

我们今天所讨论的文化，不是大文化，也不是中文化，而是文化和旅游部门所管理的小范围的文化。我们讨论的目的是更加有效地指导文化和旅游部门开展工作。所以，我们邀请的专家、学者，主要是研究艺术创作、公共文化、文化遗产、旅游发展等方面的同志。

创作应从文化之源开启

邱正伦（西南大学教授、博士生导师）

刚才，周部长已经从理论的高度，并结合如何挖掘、传承、发扬重庆的文化资源谈了如何落实好"两个结合"。他在最后的总结发言中提到了辨识度、新标识、数字化这三个维度。我认为，这既有理论高度，又是可能转化为现实实践的。

我主要想从文艺创作的角度谈。而文艺创作是一个实践过程，所以我更想谈一些经验，但是这个经验又不能够纯粹化。因此，我想首先还是谈及文化态度的问题。对于"两个结合"，我们需要从总体上来把握，而且前面周部长已经谈得很系统了，我这里就从文化态度来谈，可能相对来说谈得会有触摸感。

实话实说，我们现在对文化的态度还显得有点急功近利，动不动就提打造这个、打造那个的口号。我并不是否定用"打造"这个词，但是这个词反映了我们的文化态度。什么叫打造？"打造"的本意是拿个锤子、錾子叮叮咚咚地敲打一番，带有一种完成任务的意味。所以，对于文化态度，我们可能还要真正回到文化的本性去谈。

文化自信是一个国家、一个民族发展中最基本、最深沉、最持久的力量。但在坚定文化自信的过程中，人们容易停留在打标语、喊口号上。文化自信应当是从我们内心生长出来的。所谓"观乎天文，以察时变；观乎人文，以化成天下"，就是要求我们能够将外在和内在相融合。如此，才能真正做到文化自信。

目前，当谈到重庆的文化时，许多人很容易用一个不恰当的比喻，说重庆是"文化沙漠"。重庆各区县，只有一个和"沙"有关——沙坪坝。其实，该地名的重心是落在"坪坝"上的，跟沙也没多大关系。重庆有着3000多年的历史，何来"文化沙漠"之说。重庆的文化和这座城市特定的精神情怀有关系。它是一座山城，是一座"石头之城"。因而，它有着与生俱来的坚毅品质，野蛮生长的品质。毫无疑问，这个"野蛮"没有任何贬低的含义，它是一种原创的精神、原创的生命力。这是其他城市所不能比的。所以周部长讲，我们不要老是去给别人"打工"。倒不是说给别人"打工"一定就是错的，但是这容易让我们的情怀变得"身在曹营心在汉"。文化本性应该从重庆"跳"出来。

重庆也是一座江城。说到江城的时候，我觉得我们这座城市在比喻、象征符号上还有问题。交汇于重庆朝天门的江不是一般的小江，而是两条大江。南山一棵树是重庆著名的景点，在那里看什么？看重庆的夜景，主要也就是看朝天门两江交汇的景象。两江交汇处的重庆母城像什么？很多重庆人都充满情怀地说：像是一艘航船。从外观上看，这个比喻没有问题，但是它没有提炼出精神层面的东西。如果没有三峡工程的建设，长江不截流，水位不上来，高峡不出平湖，重庆母城这艘"航船"就会停泊在"戈壁滩"上。而朝天门又为什么叫朝天门？既然叫作"门"，自然是开放的，那开放度有多大呢？天有多大，开放度就有多大。看到有人为朝天门作的赋，将朝天门喻为"朝天雄关"，我认为是不妥的。"关"主防御，而正如周部长所讲，重庆是一座移民城市，它从来都不是封闭的，重庆的生命是活跃的、流动的，是生生不息的，江水就是我们的生命之源。

重庆母城像一艘航船这个比喻，总是让我想起庄子《逍遥游》里面的形象。在水为鲲，在天为鹏。我认为，重庆文化事业，亦要"化鲲为鹏"，这是一种精神升华。因此，重庆的文艺创作要把"打造××"的口号化为更柔软一些的理念，而不是把它僵化了。

老子《道德经》说道："人之生也柔弱，其死也坚强。"这个"柔弱"对应的是什么呢？就是情怀。重庆有没有文化资源？不仅有，而且很丰富。这些文化资源需要我们耐心去挖掘。要挖掘这些文化资源，就需要溯源，找到文化的根系。庄子在《庄子·养生主》里提到"薪尽火传",精神之火不灭,文化精神也就不会消亡。所以我才要强调"溯源"这个词。

重庆的文化资源非常丰富,比如大足石刻,是经儒、释、道文化滋养而形成的,而今已是世界文化遗产。但是,大足石刻居然还处在门票经济时代,对它的保护和利用可以说是非常遗憾的。又比如丰都,人们称它为"鬼城""死城",也是很不恰当的。丰都文化是生命文化的一部分。对于这一点,我们的认识还是不够的。

我们再进一步溯源,正如部长刚才用了3年、30年、1840年这三个时间点倒推,我们还可以倒推到两巫(巫溪、巫山)时期。

具体的文艺创作需要区分作业和作品。完成任务式的创作只能叫作业。党的十九大报告强调:"推动中华优秀传统文化创造性转化、创新性发展。""创造性转化"要求我们要从内在出发;"创新性发展"则是在说创作实践的问题。怎样创作出创新型作品?不是新出来的就叫新作品。作品的诞生过程看似和作业没什么区别,但作品的创作包含了对文化生命的开发。如果没有对文化生命的开发,就不可能有新作品,更不可能有好作品。

回到"两个结合"。第一个"结合"是要把马克思主义基本原理同中国具体实际相结合,对此不再从理论上做过多阐述;第二个"结合",是要把马克思主义基本原理同中华优秀传统文化相结合。美是人的本质力量的对象化,也就是说,我们要从内在挖掘出我们本质的精神能量。苏格拉底说:"未经过审视的人生是不值得过的。"这是说,我们要强健自己灵魂的"肌肉"。同肉体的肌肉相比,灵魂的"肌肉"是不会消亡的,它支撑我们的文化延续和发展。海德格尔谈到艺术的时候,也有类似的话,在这里我转化成我的表达:艺术,是人生真谛的原始发生,是人类精神能量的储藏器,只要完成了储藏的过程,我们的作品不管是一首诗、一部电影、一幅画,还是一座雕塑,都是有生命的。大足石刻即便遭受了风化,它也是不朽的,因为它有生命。

为什么我要这样去定义艺术?我们看文艺创作,看重的绝不是作品的"量"。文艺创作应该是我们生命真理的原始发生。这是我想特别强调的。只有树立了这个理念,重庆这座山城的精神能量才能够真正被激发出来,我们的文化生命力才能蓬勃壮大。

"两个结合"视域下公共文化服务的实现路径

彭泽明(西南政法大学政治与公共管理学院研究员、硕士生导师)

"两个结合"是指"把马克思主义基本原理同中国具体实际、同中华优秀传统文化相结合"。"两个结合"是对马克思主义中国化的原创性贡献,既丰富了马克思主义中国化的基本内涵,又是习近平文化思想的重要内容。"两个结合"是推进马克思主义中国化时代化的根本途径。习近平总书记指出:"这是我们在探索中国特色社会主义道路中得出的规律性认识。"规律是事物之间内在的必然联系。规律是客观存在的,不以人们的意志为转移,但人们能够通过实践认识它、利用它,从而促进事物的发展。

宣传思想文化工作是一项极端重要的工作。公共文化服务是党的宣传思想文化工作的重要组成部分,是服务型政府的重要职责,是人民群众享有的基本文化权益。在公共文化服务中,坚持"两个结合"既是公共文化服务的根本遵循,也是认识和利用"两个结合"的重要途径,有利于探索公共文化服务规律,促进公共文化服务发展。

本文尝试从公共文化服务的性质和发展方向是什么、公共文化服务的目的是什么、公共文化服务怎么做,来探讨在公共文化服务中坚持"两个结合"的实现路径。

一、在公共文化服务中,坚持"两个结合",要以社会主义核心价值观为引领

公共文化服务要以什么样的文化为引领,事关公共文化服务性质和发展的方向。公共文化服务具有鲜明的意识形态属性,是广大人民群众享受文化的主渠道。在公共文化服务中,以社会主义核心价值观为引领,是坚持"两个结合"的题中应有之义。缘何如此?要弄清楚二者的内在逻辑,就需要厘清意识形态与核心价值观的内在关联。意识形态是建立在社会生成条件之上的观念上层建筑,是社会意识形式中为一定的经济基础服务的思想体系,包括政治思想、法律思想、道德、文学、艺术、哲学等,具有鲜明的阶级性。社会主义意识形态是在社会主义社会中占统治地位,反映社会主义生产关系的无产阶级思想体系,具有政治、经济、社会、文化等方面的整合功能。习近平总书记指出:"经济建设是党的中心工作,意识形态工作是党的一项极端重要的工作。"意识形态工作为国家立心、为民族立魂,意识形态关乎旗帜、关乎道路、关乎国家政治安全。意识形态属于观念形态的文化。所以,坚持马克思主义在意识形态领域的指导地位是我国文化建设的根本制度,是我们党在领导文化建设长期实践中积累的成功经验和形成的方针原则,对于铸就社会主义文化新辉煌、建设社会主义文化强国具有根本性的指导意义。高度重视意识形态工作,是马克思主义政党的一个优良传统和基本经验。

核心价值观是意识形态的本质和灵魂,是决定文化性质和方向的最深层次要素,是一

个国家的重要稳定器。文化软实力的重点是核心价值观。一个国家的文化软实力,从根本上说,取决于其核心价值观的生命力、凝聚力、感召力。社会主义核心价值观倡导富强、民主、文明、和谐,倡导自由、平等、公正、法治,倡导爱国、敬业、诚信、友善,这是中国化时代化的马克思主义意识形态的具体体现。习近平总书记指出:"社会主义核心价值观是当代中国精神的集中体现,凝结着全体人民共同的价值追求。"

基于这样的逻辑,在公共文化服务中,要始终坚持以社会主义核心价值观为引领,发展先进文化,创新传统文化,扶持通俗文化,引导流行文化,改造落后文化,抵制有害文化,坚决抵制庸俗、低俗、媚俗不良倾向和过度娱乐化现象,促进在全社会形成积极向上的精神追求和健康文明的生活方式,特别是要通过公共文化服务帮助青少年扣好人生"第一粒扣子",使社会主义核心价值观融入社会发展,融入日常生活,转化为人们的情感认同和行为习惯,促进形成弘扬敦亲睦邻、守望相助、诚信重礼的向上向善的社会风尚,为全面建设社会主义现代化国家、全面推进中华民族伟大复兴提供坚强思想保证、强大精神力量、有利文化条件。

就重庆来说,在推进重庆市公共文化服务高质量发展中,要坚守意识形态底线,以社会主义核心价值观为引领,确保阵地不丢、导向不变,建设具有强大凝聚力和引领力的社会主义意识形态。换言之,就是坚持"两个结合"。

二、在公共文化服务中,坚持"两个结合",要以不断满足人民对美好生活的新期待为目标

公共文化服务的最终目的是什么?马克思主义人民观的理论是历史唯物主义的重要内容,它充分肯定了人民群众的决定性力量。马克思主义认为,人民群众是历史活动的主体,是社会物质财富和精神财富的创造者,是推动历史前进和社会变革的最终决定性力量。历史是由人民群众创造的,这是马克思主义的一个基本原理。人民性是马克思主义的本质属性。共产党是由无产阶级的先进分子组成的,来自人民、依靠人民、为了人民,是人民中的一分子。人民群众是共产党的根基、血脉和力量源泉。人民立场是共产党人的根本立场。全心全意为人民服务是中国共产党的根本宗旨。习近平总书记指出:"江山就是人民,人民就是江山。中国共产党领导人民打江山、守江山,守的是人民的心。治国有常,利民为本。为民造福是立党为公、执政为民的本质要求。必须坚持在发展中保障和改善民生,鼓励共同奋斗创造美好生活,不断实现人民对美好生活的向往。"公共文化服务是人民文化福祉、幸福普惠工程。推进公共文化服务均等化,实现文化共同富裕,是满足人民对美好生活新期待的有效举措。因此,推进文化共同富裕是"两个结合"在公共文化服务中的具体体现。换言之,在公共文化服务中,坚持"两个结合",最终目的是推进公共文化服务均等化,促进文化共同富裕,从而促进社会公平、正义。习近平总书记多次强调:"坚持政府主导、社会参与、重心下移、共建共享,完善公共文化服务体系,提高基本公共文化服务的覆盖面和适用性。"这是习近平总书记对我国公共文化服务建设的导航定向,充分体现了他对公共文化服务的人民情怀,充分体现了中国共产党的为民本质。公共文化服务的出发点和立足点都是为了人民群众,公共文化服务领域要把习近平总书记的重要指示作为根本遵循落实到各方面、全过程,不断满足人民群众对文化的获得感、幸福感。

当前的公共文化服务,存在着人民日益增长的美好生活需要和不平衡不充分的发展之间的矛盾,这是不可回避的现实。但是,我们必须充分认识到,中国社会仍处于并将长期处于社会主义初级阶段的基本国情没有变,我国是世界最大发展中国家的国际地位没有变,要牢牢立足社会主义初级阶段这个最大实际,与我国经济社会发展水平和财政承受力、文化特色相适应,来谋划推进公共文化服务。这样的公共文化服务就是"两个结合"的公共文化服务,它符合客观实际。要以问题为导向,紧紧抓住人民群众最关心最直接最现实的文化利益问题,坚持尽力而为、量力而行,合理引导预期,着力解决好人民群众急难愁盼的公共文化服务问题,健全基本公共服务体系,提高公共文化服务水平,增强公共文化服务的均衡性和可及性,扎实推进文化共同富裕,促进满足人民群众文化需要与增强精神动力相统一。

就重庆来说,要特别关注区域和城乡公共文化服务均衡发展,更加注重乡村公共文化服务建设。前年,我们受文化和旅游部公共服务司委托,开展了全国公共文化服务高质量发展指数研究工作并以2019年数据(因受2020年以来新冠疫情影响,数据采用2019年的国际统计数据)进行实证测评。其数据显示,重庆市在全国算中等水平,在4个直辖市中倒数第一,属于西部地区第二梯队。如何推进公共文化服务体系一体化建设,促进文化共同富裕,是摆在我们面前的一个重大现实课题。促进文化共同富裕是社会主义的本质要求,实际上就是在公共文化服务中坚持"两个结合"。

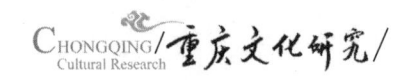

三、在公共文化服务中，坚持"两个结合"，要以中华优秀传统文化为滋养

公共文化服务应该怎么做？马克思主义如果不"本土化"，不与中华优秀传统文化相结合，马克思主义就难以中国化时代化。习近平总书记指出："如果没有中华五千年文明，哪里有什么中国特色？如果不是中国特色，哪有我们今天这么成功的中国特色社会主义道路？"公共文化服务如果不以中华优秀传统文化为滋养，就没有中国特色的公共文化服务。同时，中华优秀传统文化也失去了传承发展的一个重要载体。所以，公共文化服务以中华优秀传统文化为滋养，就是在公共文化服务中坚持"两个结合"。

中华文化源远流长、灿烂辉煌。中华优秀传统文化积淀着中华民族最深沉的精神追求，代表着中华民族独特的精神标识，是中华民族生生不息、发展壮大的丰厚滋养，是中国特色社会主义植根的文化沃土，是当代中国发展的突出优势，对延续和发展中华文明、促进人类文明进步，在新的历史起点担负起新的文化使命，发挥着十分重要的作用。公共文化服务是实现好、维护好、发展好人民群众基本文化权益的主要途径。通过深入挖掘中华优秀传统文化所蕴含的"讲仁爱、重民本、守诚信、崇正义、尚和合、求大同"等核心思想理念，"自强不息、敬业乐群、扶危济困、见义勇为、孝老爱亲"等中华传统美德，"求同存异、和而不同"的处世方法，"文以载道、以文化人"的教化思想，"形神兼备、情景交融"的美学追求，"俭约自守、中和泰和"的生活理念等，坚持中华优秀传统文化创造性转化、创新性发展，使之内化为公共文化设施空间，转化为公共文化产品、活动和服务。这样，一方面，有利于把公共文化服务作为中华优秀传统文化传承发展的重要载体，进而通过公共文化服务传承发展中华优秀传统文化；另一方面，也有利于使中华民族最基本的文化基因与当代文化相适应、与现代社会相协调，提供的公共文化服务"具有烟火味""接地气"，让人民群众喜闻乐见，易于接受，乐于接受，实现公共文化服务需求与供给有效对接，促进公共文化服务水平提升。在这个过程中，人们不断深化对"两个结合"的认识，"两个结合"指导公共文化服务实践，使公共文化服务为全面建设社会主义现代化国家、全面推进中华民族伟大复兴作出应有贡献。要把实施中华优秀传统文化传承发展工程与文化惠民工程有机结合起来，在构建现代公共文化服务体系中不断赋予中华优秀传统文化新的时代内涵和现代表达形式。

就重庆来说，要深入挖掘巴渝文化、革命文化、三峡文化、移民文化、抗战文化、统战文化"六种"文化形态，使之成为公共文化服务的源头活水，不断滋养公共文化服务，促进重庆市公共文化服务特色化发展，走出独具特色的重庆公共文化服务之路。

守护和弘扬中华优秀传统文化根脉 谱写中国式现代化重庆文化新篇章

黄晓东（重庆中国三峡博物馆研究馆员、重庆史研究会副会长兼秘书长）

习近平总书记指出："马克思主义中国化时代化这个重大命题本身就决定,我们决不能抛弃马克思主义这个魂脉,决不能抛弃中华优秀传统文化这个根脉。坚守好这个魂和根,是理论创新的基础和前提。""只有立足波澜壮阔的中华五千多年文明史,才能真正理解中国道路的历史必然、文化内涵与独特优势。历史正反两方面的经验表明,'两个结合'是我们取得成功的最大法宝。"习近平总书记提出的"两个结合"是我们党在探索中国特色社会主义道路中得出的规律性认识,是我们推进马克思主义中国化时代化的根本途径。在五千多年中华文明深厚基础上开辟和发展中国特色社会主义,把马克思主义基本原理同中国具体实际、同中华优秀传统文化相结合是必由之路。

今天,在文化和旅游研究院举办的研讨会上,我想重点就第二个"结合",谈谈自己对守护和弘扬中华优秀传统文化根脉的认识和体会。

一、历史创造和努力发展构建起光辉灿烂的重庆文化体系

"泰山不让土壤,故能成其大;河海不择细流,故能就其深。"自古以来,巴渝大地就是多个民族共同生活的家园,各族人民筚路蓝缕,艰苦奋斗,生于斯,长于斯,频繁交往发展,逐渐创造出具有辨识度的历史文化形态。重庆文化具有包容性,对待各种新生和外来事物,求同存异,兼容并包,大足石刻就是一个典型的代表。这种包容的特性,使重庆文化在历史的长河中不断延续、创新,最终形成了包括巴渝文化、三峡文化、抗战文化、革命文化、统战文化和移民文化等文化形式的光辉灿烂的重庆文化体系。这是我们进行第二个"结合"的重要文化资源,也是建设中国式现代化重庆文化的基础。

二、重庆文化遗产分布广泛、类型丰富、特点鲜明

文化遗产可以分为物质文化遗产和非物质文化遗产。物质文化遗产是指具有历史、艺术和科学价值的文物,其类型有:古遗址、古墓葬、古建筑、石窟寺、石刻等;近现代重要史迹及代表性建筑等不可移动文物,历史上各时代留传下来的重要实物、艺术品、文献资料等可移动文物,以及建筑式样、历史文化名城（街区、村镇）等。非物质文化遗产是指各种以非物

质形态存在的与群众生活密切相关、世代相承的传统文化表现形式,包括口头传统、传统表演艺术、民俗活动、节庆、民间传统知识和实践、传统手工艺技能等以及与上述传统文化表现形式相关的文化空间。

国家文物局原局长单霁翔曾说过,重庆是一个文物大市,其文物总量比其他三个直辖市的文物量都要多。重庆的文化遗产分布广泛、类型丰富、特点鲜明,极具辨识度,富有历史、文物和艺术价值。它们是进行第二个"结合"的重要内容。这些文化遗产就在我们身边,是坚定历史自信、文化自信,坚持古为今用、推陈出新,把马克思主义思想精髓同中华优秀传统文化精华贯通起来、同人民群众日用而不觉的共同价值观念融通起来的重要媒介和桥梁,是我们认识、发展、弘扬重庆文化的重要参照。我们只有加强文化遗产保护、研究、利用和推广宣传,讲好中国故事、重庆故事,才能夯实中国式现代化的历史基础和群众基础,文化创新才能根深叶茂。

三、重庆文化遗产保护亟须加强

要保护好文化遗产,需要我们下很大工夫。这需要我们从以下环节着手,并且这些环节缺一不可:

①实地调查和研究:对文化遗产进行详尽的实地调查和研究,了解其历史、特点、现状以及保护需求。

②保护规划和设计:根据调研结果,制订文化遗产的保护规划和设计方案,确定保护的目标和策略。

③资金筹集和管理:为文化遗产保护筹集资金,并进行有效管理和使用,确保保护工作顺利进行。

④保护实施和监督:实施文化遗产的保护工作,并定期进行监督和评估,保证保护工作的质量和效果。

⑤教育和宣传:开展文化遗产保护的教育和宣传工作,提高公众对文化遗产保护的重视和参与度。

⑥合作和交流:加强国际合作和交流,借鉴他国的文化遗产保护经验和技术,促进文化遗产的全球化保护。

从重庆的实际情况来看,文化遗产保护还存在一些问题,如专业人才匮乏、法律法规和制度机制不完善、公众参与和社会支持力度不够以及部门协作不畅等问题。根据文化遗产"闭环"保护原则,针对重庆的实际情况,文化遗产保护可从如下几个方面继续完善和加强。

1. 培养专业人才和加强专业管理

专业人才和专业管理的缺位会导致文化遗产保护工作缺乏科学性和专业性。近几年,我市的文化遗产保护工作质量得到提升,人才队伍不断壮大,管理机制也得到完善。但是,与文物大市、非物质文化遗产大市的要求还有相当大的距离。我们要加强专业人才培养工作,建立完善的人才培养机制,提高相关从业人员的专业素养和管理水平。文化遗产保护需要专业的技术和知识,应尽快改变人才储备相对较少的现状。特别是区县,由于缺乏专业的文物保护和修复人才、保护资金受到制约,一些文化遗产无法得到有效的保护和修复。因此,文化遗产保护机构要加强专业人才和专业管理的"业务建设"。

由于对文化遗产保护的认识不到位,专业人才和专业管理缺位,在文化遗产保护过程中,也出现过度保护、过度修复现象:最小干预原则如同虚设。在一些文物保护设计方案中,"最小干预"四字往往以最醒目的方式列在保护原则中;但在保护技术措施部分,都在试图穷尽现有的技术方法,以期达到极致,这让"最小干预"这四个字如同虚设。

2. 加强相关法律法规和制度机制的建设

我们的文化遗产保护法律法规体系不够完善,保护机制也存在不足,导致无法有效保护和管理丰富的文化遗产资源。虽然我国已经出台了《中华人民共和国文物保护法》《中华人民共和国非物质文化遗产法》等法律法规,但在实际操作中仍然存在执行困难等问题。同时,随着社会的发展和城市化进程的推进,文化遗产保护面临的挑战也在不断增多,因而,需要不断完善法律法规,强化制度机制的建设。

3. 提升公众参与和社会支持力度

长期以来,文化遗产保护工作只是少数人在参与。公众也形成了一种认知,认为文化遗产保护工作是相关专业人士的事,跟民众没有关系。因而,文化遗产保护工作缺乏公众的参与和社会的支持,公众对文化遗产保护意识淡薄,导致文化遗产保护工作难以持续和深入开展。我们要加强文化遗产保护的宣传教育工作,增强公众对文化遗产保护的意识,鼓励社会各界参与文化遗产保护工作,并建立起多元化的社会支持体系。重庆已建有一支文物保护志愿者服务队,做出了很好的成绩。但是还很不够,需要进一步发动公众参与和社会支持。

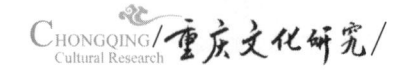

4. 加强跨部门协同合作

文化遗产保护涉及多个部门和领域。目前，重庆的文化遗产保护存在部门之间协同合作不畅的问题，导致文化遗产保护工作难以得到全面推进。因此，要在更高层面建立跨部门的协同合作机制，加强协同合作，形成政府、专业机构、公众和社会组织共同参与的文化遗产保护合作模式，推动文化遗产保护工作全面、有效地开展。

目前，以习近平同志为核心的党中央十分重视文化遗产的保护、传承和利用。地方党委和政府也高度重视本地区的文物保护工作，为文化遗产的保护提供了重要保证。

四、落实基层的文化遗产保护工作，滋养中华优秀传统文化的根脉

保护文化遗产的重点在基层。基层的文化遗产保护好了，文化遗产保护工作的整体水平就提升起来了。我们要把文化遗产保护工作落实到基层，具体要落实到区县、乡镇、村庄、社区、学校等基层单位和组织。

基层是文化遗产的具体载体。首先，如历史建筑等物质文化遗产多存留于基层的具体地点。而如传统的手工艺等非物质形态的文化遗产则以具体的人为载体。因此，文化遗产保护需要文化遗产所在基层单位和居民的参与。只有基层单位和居民充分认识到文化遗产的重要性，积极参与保护工作，才能使文化遗产得以传承和发扬光大。

基层单位是文化遗产保护的责任单位，具有广泛的群众基础和社会影响力。基层单位和居民是文化遗产保护工作的主体，其对于文化遗产的认识和态度直接影响文化遗产的保护效果。基层有关部门的管理和专业水平直接决定文化遗产保护的质量和水平。

由于基层单位和居民对于当地的文化遗产有着深入的了解和体验，他们可以根据实际情况采取更具有针对性的保护措施和方法。例如，通过基层单位的指导，社区居民的参与，可以对历史建筑进行维护、看护和保护；通过基层单位的传承和教育，发扬传统手工艺，以此实现对其的保护。总之，文化遗产的保护在基层，文化遗产保护的效果也通过基层的文化遗产保护工作来体现。

文化遗产保护工作是一个系统性工程，政府为其提供政策保障、资金保障等，但具体的保护工作需要基层单位和居民的参与和努力，此外，还需要有关专家学者、社会组织和媒体等多方面的支持和引导。只有全社会共同努力，才能真正实现文化遗产的有效保护和传承。

保护好文化遗产,是推动中华优秀传统文化创造性转化、创新性发展的重要基础。文化遗产的保护和研究做好了,对其"本源"了解和研究得越深入,越能找到文化遗产转化和发展的关键点,从而激发其内在的生命力,使其焕发出时代的光彩。让文化遗产真正"活"起来,处理好文化遗产转化和发展的关系,讲好重庆故事,有力地推进重庆文化建设,彰显中华民族现代文明。

文化遗产是中华优秀传统文化的重要内容。保护和弘扬文化遗产,滋养中华优秀传统文化根脉,进一步丰富重庆文化,提升我们的历史自信、文化自信,在传承中华优秀传统文化中推进文化创新的自觉性。

深入贯彻落实"两个结合" 推动重庆非遗保护再谱新篇

牟元义(重庆市文化和旅游研究院院长)

习近平总书记在文化传承发展座谈会上的重要讲话中指出,在五千多年中华文明深厚基础上开辟和发展中国特色社会主义,把马克思主义基本原理同中国具体实际、同中华优秀传统文化相结合是必由之路。这是我们在探索中国特色社会主义道路中得出的规律性认识。我们一直强调把马克思主义基本原理同中国具体实际相结合,现在我们又明确提出"第二个结合"。我说过,如果没有中华五千年文明,哪里有什么中国特色?如果不是中国特色,哪有我们今天这么成功的中国特色社会主义道路?只有立足波澜壮阔的中华五千多年文明史,才能真正理解中国道路的历史必然、文化内涵与独特优势。历史正反两方面的经验表明,"两个结合"是我们取得成功的最大法宝。

深入学习贯彻习近平文化思想,就要深刻理解"第二个结合"是又一次的思想解放,是对中华文明发展规律的深刻把握,让我们能够在更广阔的文化空间中,充分运用中华优秀传统文化的宝贵资源,探索面向未来的理论和制度创新。

非遗是中华优秀传统文化的重要组成部分,是中华文明绵延传承的生动见证,是连结民族情感、维系国家统一的重要基础。多彩非遗薪火相传,是中华文明多元一体、绵延传承的生动见证,是中华民族血脉相连、命运与共的活态展示。

一、坚持系统观念,推进重庆非遗在建设中华民族现代文明中绽放新光彩

联系和发展的观点是马克思主义唯物辩证法的总特征。"系统"是指若干部分相互联

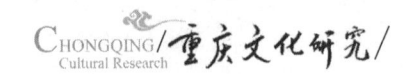

系、相互作用,形成的具有某些功能的整体。一般系统论创始人贝塔朗菲认为:"系统是相互联系、相互作用的诸多要素的综合体。"系统观念是马克思主义认识论和方法论的重要范畴,是马克思主义政党基础性的思想和工作方法。坚持系统观念,是非遗保护工作的原则。

(一)非遗本质上是系统性的精神实践

《保护非物质文化遗产公约》对非物质文化遗产的定义是:被各社区、群体,有时是个人,视为其文化遗产组成部分的各种社会实践、观念表述、表现形式、知识、技能以及相关的工具、实物、手工艺品和文化场所。《中华人民共和国非物质文化遗产法》对非物质文化遗产的定义是:各族人民世代相传并视为其文化遗产组成部分的各种传统文化表现形式,以及与传统文化表现形式相关的实物和场所。

非遗作为活态文化的系统性因素与特征主要表现在:村社活态文化的自组织性与社会特性、地缘文明与非遗的在地性与超地域性、文化的自我复制与文化生态变迁、人的文化代际传续的年龄层等。所以,每项非遗项目都是一个活的精神实践,都依赖于一定的自然和社会环境,依赖于个人的主体价值选择,依赖于人的创造性思维活动,依赖于人的代际交流,依赖于文化生产者与文化消费者之间的互动,这些主客观条件共同决定了非遗的确认、传承和发展,也决定了非遗独立存在的意义和自我系统性。

(二)非遗保护是系统性的干预实践

非遗系统性保护就是把非遗保护视为一个系统,结合非遗所处环境、构成要素以及结构、功能的整体性来进行。按照《保护非物质文化遗产公约》,"保护"指确保非物质文化遗产生命力的各种措施,包括这种遗产各个方面的确认、立档、研究、保存、保护、宣传、弘扬、传承(特别是通过正规和非正规教育)和振兴。

20余年以来,我国非遗保护工作经历了从不成熟到成熟的过程,现在已进入系统性保护阶段。这一过程包括三个阶段:

第一个阶段,从2001年昆曲被授予首批"人类口述和非物质遗产代表作"称号开始到2010年。这10年是我国非遗保护工作的开创性保护阶段。完成了顶层设计,公布了首批国家级非遗代表性项目,等等,非遗保护工作实现了"开门红"。

第二个阶段,从2011年到2022年。这12年是我国非遗保护工作的体系性保护阶段。聚焦保护、传承、发展、传播,如建立了四级保护名录体系和传承人体系,人才队伍保障体系,专家咨询机制,数字化保护体系,涵盖电视、纸媒、网络及新媒体平台"四位一体"的非遗传播矩阵,国际合作交流体系,等等。

第三个阶段,2023年至今。这一阶段是我国非遗保护工作的系统性保护阶段。非遗系统性保护已经正式成为国家政策、规划所确定的基本原则和发展方向,且成为中国式现代化建设的重要内容。在这三个阶段之前,1972年联合国教科文组织发布的《保护世界文化和自然遗产公约》对遗产保护产生了深远影响。我国在此公约的框架下一直致力于对非遗保护的探索。如,1987年开展创建"中国民间文化艺术之乡"等,在推动民间文化艺术事业繁荣发展、丰富活跃基层群众文化生活方面发挥了重要作用,为我国非遗保护工作奠定了坚实的基础。

(三)非遗系统性保护是各方面力量参与的重要实践

非遗保护单位、非遗代表性传承人、各级政府主管部门、研究者、企事业单位、普通民众,在非遗保护实践中,相互交流,相互理解。这本身就是一种参与体验式的共同体建设实践,对增进文化认同和身份认同、提高社会凝聚力具有积极意义。

(四)非遗系统性保护是社会治理现代化的内在需求

非遗保护本身是社会治理的资源和内容。许多非遗项目是在处理人与人、人与社会关系中发展起来的。通过20余年的努力,重庆市的非遗保护体系不断健全完善,保护成效显著。主要表现为非遗保护法律法规制度更加健全、非遗保护名录体系不断完善、非遗保护传承工作持续深化、非遗服务国家重大战略的能力明显提高、非遗保护社会氛围日渐浓厚。下一步,全市的非遗系统性保护还将按照文旅部的总体部署,放在中国式现代化的大背景中去考量,着眼非遗在新型工业化、信息化、城镇化、农业现代化过程中面临的新挑战,按照建设新重庆,踏上新征程,建功新时代的目标,对非遗保护的各个领域进行历史性变革、系统性重塑和整体性重构,进而真正构建起非遗保护新格局,赋能重庆经济社会全面发展,让非遗保护在新时代绽放新光彩。

二、坚持守正创新原则,以融合的举措推动重庆非遗创造性转化和创新性发展

马克思在《哲学的贫困》中指出:"两个相互矛盾方面的共存、斗争以及融合为一个新范畴,就是辩证运动。"习近平总书记在文化传承发展座谈会上指出:"只有全面深入了解中华文明的历史,才能更有效地推动中华优秀传统文化创造性转化、创新性发展,更有力地推进中国特色社会主义文化建设,建设中华民族现代文明。"

非遗本身具有较强的融合特质,应建立大融合观,大力开展"非遗+",让古老传统的非遗走进现代生活,成为人们的重要生活方式。"两个结合"这一政策导向,为非遗在新时代的传承、传播与教育提供了"及时雨",它不仅可以成为非遗传承发展新的理论基础和动力,而且非遗与其他产业的融合发展也为这一政策提供了鲜活的艺术实践。

(一)非遗与教育融合发展

大力推进非遗校园教育,实现重庆非遗进校园、在校园、出校园。创建非遗展示场所,将非遗的传承者、传播者与学生聚集于同一空间,让学生接触并了解非遗。非遗校园教育具有跨学科的特征与契机,学生一旦将自己的专业知识与非遗相结合,往往既能丰富本学科的研究,又能给非遗研究带来新意。校园的综合性与开放性给非遗教育提供了新的空间。尤为重要的是,非遗与校园的结合,将使非遗与中华优秀传统文化真正与普通人的生活相关联,实现非遗的活化与进一步发展。

(二)非遗与文创融合发展

非遗与文创融合发展,是非遗融入百姓现代生活、激发重庆非遗活力的重要举措。非遗为文创产品的开发提供了文化素材和创意源泉。文创产品的开发也给非遗带来了前所未有的发展机遇,提供了创新机制和融入现代社会的平台。

挖掘非遗的创意价值并将其转化为创意资本,不仅能提升文化创意产业的竞争力,而且凸显了非遗的传统文化元素与非遗技艺精髓。非遗文创产品还应充分利用好博物馆平台,推出特色鲜明的"博物馆+非遗"文创产品。应从馆藏文物所蕴含的丰富历史文化信息中提炼出具有代表性的文化元素,准确把握文物特征与内涵,将传统文化符号与时尚元素有机结合,赋予文创产品实用功能,赋予其时代特征,打造出既具有时尚气息又不失非遗独特魅力与内涵的创意产品。

博物馆还是非遗文创产品线上、线下展示销售平台,要充分利用好博物馆网站,设立非遗文创产品栏目,进行网络宣传推广,和网络电商平台合作,进行网络营销,不断推出服务群众的非遗文创精品。

(三)非遗与科技的融合发展

科技为非遗保护传承提供了新方案,拓展了新思路,开辟了新赛道,让非遗插上了腾飞的"双翼"。非遗想要更好地融入当代、表达当代,就必须跟上时代。积极拥抱现代科技、敢于应用科技手段是非遗保护与时俱进的最好体现。正是因为科技发展日新月异,让非遗保护传承有了更宏大的想象空间、更广阔的施展舞台、更广泛的国际影响。正是因为科技赋能非遗,促进非遗传播和活态传承,让大量非遗项目实现创造性转化、创新性发展,以更加时尚、新潮的方式展现在大众面前。非遗与科技的有机结合,体现着中国智慧与发展,助力中华优秀传统文化、重庆文化更好地走出去。

(四)非遗与旅游融合发展

非遗与旅游融合发展,是非遗走进群众生活的一种喜闻乐见的方式。从旅游业自身发展规律角度出发,审视非遗与旅游融合发展的旅游主体、客体、介体。从旅游主体即旅游者角度看,旅游者随着时代的变化而变化。2023年,国内游逐步放开,境外旅游目的地名单也逐步"扩容",越来越多的人开始重新审视生活、认识自我,摆脱精神内耗,用心去热爱、感受生活。特别是游客中的"千禧一代""Z世代",他们中有大量的"兴趣狂热粉""知识拓荒侠""时代怀旧者""悦己主义者",非遗能够引起他们的兴趣。从旅游客体角度看,旅游给非遗提供了更多的实践和应用场景,激发了非遗的生机和活力。推动非遗与旅游深度融合发展,就是要推出一系列非遗旅游线路,给游客,特别是年轻一代的游客更多新选择。从旅游介体角度来看,非遗作为具有历史性、穿透力的旅游资源,将极大提升旅游的传统品质和文化附加值。重庆是一座"最宠游客的城市",游客数量长期位于全国前列,是最受游客喜爱的城市之一。重庆应进一步提升非遗系统性保护水平,放大"非遗+"成效,推出更多的非遗特色景区、村镇、街区和路线,促进非遗与旅游融合发展、高质量发展,为加快建设文化强市和世界知名旅游目的地贡献更多的非遗力量。

三、坚持人民至上,以整体性思路推动重庆非遗保护再创佳绩

人民性是马克思主义的本质属性,坚持人民至上是马克思主义的本质要求。马克思主义认为,人民群众是历史的主体,是历史的创造者。非遗的生存环境具有独特性:一是空间特性,即生存环境的封闭性和固定性;二是时间特性,即文化承继的孤立性和内部性。保护非遗最好的方式就是整体性保护,即对非遗项目及其依存的整体环境均予以保护,尤其强

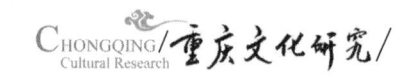

调对非遗所赖以存续的包括社会环境和自然环境在内的生态文化的保护。我们只有以新的时空取向、新的视角、新的价值判断来认识现今这一新事物,从而更有成效地完善非遗保护传承的实践活动,真正促进中华优秀传统文化的传承和发展,这也是重庆市推进非遗创新性发展的重要举措。

(一)积极开展以文化遗产日为代表的重要节庆活动,打造人民的节日

2005年,国务院决定从2006年起每年六月第二个星期六为我国"文化遗产日"。2006年的主题是"保护文化遗产,守护精神家园",2007年的主题是"保护文化遗产,构建和谐社会",2008年的主题是"文化遗产人人保护,保护成果人人共享",2009年的主题是"弘扬民族文化,延续中华文脉",2010年的主题是"非遗保护,人人参与",2011年的主题是"依法保护,重在传承",2012年的主题是"活态传承,重在落实",2013年的主题是"人人都是文化遗产的主人",2014年的主题是"非遗保护与城镇化同行",2015年的主题是"保护成果,全民共享",2016年的主题是"加强文化遗产保护,振兴传统工艺"。2017年6月10日是调整后的首个"文化和自然遗产日",主题是"非遗保护——传承发展的生动实践"。2018年的主题是"多彩非遗,美好生活",2019年的主题是"非遗保护,中国实践",2020年的主题是"非遗传承,健康生活",2021年的主题是"人民的非遗 人民共享"。

(二)以创建国家级文化生态保护区为契机,引导人民积极参与保护

自2007年首个国家级文化生态保护实验区设立以来,我国将非物质文化遗产及其得以孕育发展的文化和自然生态环境进行整体保护,以开放性思维、系统性观念建设"文化生态保护区",走出了一条整体性活态保护非遗之路。

2014年8月,重庆市武陵山区(渝东南)土家族苗族文化生态保护实验区被文化部(现为文化和旅游部)正式批准为国家级文化生态保护实验区。该实验区建设以"保护为主、抢救第一、加强管理、合理利用、传承发展"为指导方针,坚持政府主导、社会参与、保护优先、以人为本、活态传承原则,尊重人民群众的文化主体地位,维护文化生态平衡。该实验区建设以来,对域内非遗及其生态统筹兼顾、系统谋划、整体推进,努力实现"遗产丰富、氛围浓厚、特色鲜明、民众受益"的目标,不断满足人民日益增长的美好生活需要。

(三)积极推动非遗融入和服务国家战略,让人民群众得实惠

把非物质文化遗产的保护传承和开发利用有机结合起来,实现中华文化的创造性转化和创新性发展,是习近平总书记高度重视的一件大事。

重庆在区域发展战略中加大非遗保护传承力度,如在长江经济带发展、国家文化公园建设等重大国家战略中建立区域保护协同机制,举办品牌活动,加强专题研究,生动呈现重庆文化;在实施脱贫攻坚与乡村振兴战略中,发挥非遗服务基层社会治理的作用,把非遗保护与美丽乡村建设结合起来,守住文化根脉;加强非遗传承人梯队建设,提升传承人技能艺能;实施非遗传承人研修培训计划,加大非遗师资队伍培养力度,支持代表性传承人参与学校授课和教学科研;在高校及中小学开设非遗特色课程,构建非遗课程体系和教材体系,鼓励建设国家级非遗代表性项目特色学校传承基地,加强非遗成果转化应用;支持利用非遗资源发展乡村旅游、研学等业态,有序引导非遗代表性传承人、大学毕业生、乡村能人、企业家等参与到相关非遗项目传习中来。通过非遗服务国家战略,服务重庆地方经济社会发展,激活非遗活态传承的生命力,努力让文化发展成果惠及更多人民群众。

(四)弘扬中华非遗文化,促进世界文明互鉴,增强人民群众自觉自信自强底气

习近平总书记在文化传承发展座谈会上指出,中华文明具有突出的包容性,从根本上决定了中华民族交往交流交融的历史取向,决定了中国各宗教信仰多元并存的和谐格局,决定了中华文化对世界文明兼收并蓄的开放胸怀。

非遗是中华文化的瑰宝。在非遗走向世界的过程中,通过讲好非遗故事,不断增强中华民族凝聚力和中华文化影响力,深化文明交流互鉴。应将请进来与走出去相结合,大力推动非遗的横向交流。一方面,坚持请进来。如打造非遗博物馆与传承基地、建设文化示范基地等,吸引更多人群,特别是年轻一代走进非遗、关注非遗、自发地传播非遗。唤醒人们的历史感、增强人们的幸福感、培育人们的民族认同感。另一方面,坚持走出去。正确认识中华优秀传统文化,更好担负起新的文化使命,做好跨文化交流,讲好中国故事,传播好中国声音,增强中国的国际话语权,提升中华文化软实力。再一方面,坚持内在化。中华各民族非物质文化遗产是中华民族共同的精神财富,是中华民族独特的文化身份和精神标识,在培育民族性格、丰富民族情感、增强民族凝聚力等方面具有重要作用,可以为构筑中华民族共有精神家园、铸牢中华民族共同体意识、实现中华民族伟大复兴的中国梦提供重要的精神支撑。

以"两个结合"引领新征程 奋力书写重庆文旅融合发展新篇章

郭道荣（重庆市文化和旅游发展研究会秘书长）

2023年6月2日，习近平总书记在文化传承发展座谈会上指出，文化自信就来自我们的文化主体性。这一主体性是中国共产党带领中国人民在中国大地上建立起来的；是在创造性转化、创新性发展中华优秀传统文化，继承革命文化，发展社会主义先进文化的基础上，借鉴吸收人类一切优秀文明成果的基础上建立起来的；是通过把马克思主义基本原理同中国具体实际、同中华优秀传统文化相结合建立起来的。

"两个结合"是走中国式现代化道路的根基。其中，"第二个结合"对于加快建设文化强国和旅游强国，尤其具有直接的现实引领作用。具体到重庆市而言，如何践行"第二个结合"，强力推进文化强市和世界知名旅游目的地建设，奋力书写文旅融合发展新篇章，应是全市上下必须回答的重大时代课题。为此，结合自己的学习体会，谈三点意见。

一、加强具有"中华"能级的本土优秀传统文化的萃取工作，为深化"以文塑旅"奠定基础

对于传统文化，我们可以将其看作特定族群的专属符号体系。传统文化是通过历代先民长久创造累积下来的历史物态和观念形态的综合遗存。在这些传统文化中，能够长久保持非凡生命力、旺盛成长性，能够持续引领人类文明进步的发展方向、不断满足人民群众对美好生活的需要，能够与时代精神相互映照、相互化合的精华部分，才具备优秀的属性和品质。从这个意义上说，我们应当对重庆本土传统文化进行深入的挖掘梳理、研判拣选，以剔除糟粕、萃取提炼出能够与整个中华传统文化之优秀部分相互契合的精华，然后将其作为建设文化强市和世界知名旅游目的地、推动文化和旅游深度融合高质量发展的终极内核。

我以为，在重庆大地上，以历代先民"爬坡上坎、刚毅忠勇"为代表性符号的巴渝人文品格，以抗战堡垒"愈炸愈强、决战决胜"为代表性符号的英雄精神，以红岩英烈"正气浩然、敢于牺牲"为代表性符号的革命精神，以百万三峡移民"舍小家、顾大家"为代表性符号的奉献精神，以"山水之城　美丽之地"为代表性符号的城市形象，以"行千里，致广大"为代表性符号的人文精神，等等，都与将"自强不息"与"厚德载物"作为精髓之一的中华优秀传统文化有着相互映照、相互化合的同一关系，都可被列入优秀文化范畴，都可为高辨识度旅游产品铸魂，因而都可成为以文塑旅的珍贵基因。

反过来说,如果缺少应有的文化自觉,在旅游产品开发培育中,忽视了对前述这些具有在地性、特色化、高辨识度文化基因的萃取和利用,那么以文塑旅就可能成为一个噱头或一句空话。譬如,分布在我市各个中高海拔山区的部分康养度假项目,由于没有在"挖文化""选文化""种文化"方面下一番真功夫,所以缺少独特文化内核和鲜明辨识度,导致近距离同质化竞争,甚至出现相互分流、相互拆台现象。当然,如果因过度自信而产生文化自恋倾向,则可能造成"文化跑偏、旅游难堪"的尴尬状态。譬如,有些依山傍水的村落,其墙体彩绘内容就是村落风景的镜像画面(完全多此一举);在山区旅游公路上用耐磨油漆描画花草图案(见雨水必打滑);在乡村旅游景观打造中,滥用石猪槽、石碓窝、石磨子等农家器物垒砌"文化墙""文化坎"(敷衍了事),等等。

二、深化建设世界知名旅游目的地的顶层设计、品牌培塑工作,为深化以旅彰文提供遵循

近几年来,重庆在推进以旅彰文方面,取得了明显的阶段性成就。山水重庆美丽之地、魔幻重庆网红之城、豪气重庆宠客之都,产生了全国瞩目的市场吸引力。"三大"(大都市、大三峡、大武陵)区域旅游品牌培育,"一廊"(巴蜀文旅走廊)跨省旅游联袂营销,"三山"(武陵山、大巴山、大娄山)气候旅游度假产品开发,"五+"(文博+、农业+、商业+、工业+、交通+)融旅项目打造,等等,都取得了积极进展和成效。

当然,由于文旅两大系统合体运行时间不长,受体制改革与战略升级尚欠平衡、热运行与冷思考尚欠平衡、产品升级与营销创新尚欠平衡等客观因素制约,我市在以旅彰文方面还有较大进步空间。譬如,有的康养度假区缺乏独特文化,有的景区景点缺乏活态文化,有的旅游线路缺乏鲜明的文化主题,这都导致获客能级低下,留客理由不足,淡旺落差极大,整体效益不佳。而大力宣传费劲编撰的似是而非的故事,用孤芳自赏的仙女"抖景",用俯瞰万端的无人机"图骗",造成形式大于内容、"口悲"大于口碑、收入低于成本等弊端,严重影响了旅游的可持续发展。如此这般下去,势必会对重庆市建设世界知名旅游目的地造成负面影响。要解决这些问题,必须多措并举、综合施策。其中,最重要、最紧迫的是深化建设世界知名旅游目的地的顶层设计、品牌培塑。

一是深化顶层设计。重点在于:优化"一心"(主城大都市旅游集散中心)、"三带"(长江三峡国际黄金旅游带、武陵文化生态旅游带、农耕文化旅游休闲产业带)等旅游产业空间布

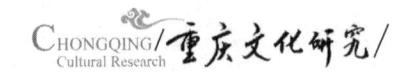

局;活化"五节"(世界大河歌会暨中国长江三峡国际旅游节、仙女山国际露营音乐节、武陵山民族文化旅游节、中国·重庆长江三峡(巫山)国际红叶节、长寿古镇福寿文化节)、"三赛"(南滨路国际半马赛、忠县"忠义杯"龙舟赛、全国青少年无人机大赛)、"三会"(中国国际智能产业博览会、中国西部旅游产业博览会、丰都名山国际孝善大会)等文旅融合营销推广活动。

二是深化品牌打造。重点在于：提升"一群"(大足石刻、仙女山、丰都鬼城、桃花源、白鹤梁—816、蚩尤九黎城等)等精品旅游景区集群;打造"三秘"("三峡秘境"之"神女原乡"、"三峡秘境"之"巫咸部落"、"三峡秘境"之"巴楚驿城")等康养旅游度假区，"五盖"(石柱黄水盖、秀山县川河盖、酉阳县菖蒲盖、黔江区金山盖、彭水县摩围盖)等民族文化生态休闲度假区，"七山"(金佛山、四面山、古剑山、明月山、铜锣山、中梁山、缙云山)等生态康养度假区;升级"六馆一城"(红岩革命纪念馆、重庆中国三峡博物馆、重庆自然博物馆、重庆三峡移民纪念馆、重庆市民族博物馆、两江国际影视城);打造"六镇"(綦江东溪"彩色娘子军布艺非遗旅游小镇"、酉阳龚滩"土家族文化生态非遗旅游小镇"、潼南双江"耕读传家非遗旅游小镇"、铜梁安居"抗战音乐旅游小镇"、黔江濯水"传统节庆非遗旅游小镇"、江津真武场"盐路文化非遗旅游小镇");兴建"一馆四园"(重庆博物馆、抗日战争大后方历史文化博览园、重庆非物质文化遗产博览园、合川钓鱼城古战场遗址博览园、狮子滩水电工程生态博览园);做强"六院三馆四团"(重庆文化艺术职业学院、重庆旅游职业学院、重庆市川剧院、重庆京剧院、重庆市话剧院、重庆市歌剧院、重庆图书馆、重庆市群众艺术馆、重庆美术馆、重庆杂技艺术团、重庆歌舞团、重庆市三峡曲艺团、重庆芭蕾舞团);培塑"三大龙头"(重庆旅投、三峡旅投、武陵旅投)等旅游企业。

三、实施"文旅融合芯片工程"，推行"文旅融合年历化营销"，打造高品质、高能级、高效益的文旅融合精品

当前，我市与全国许多地方一样，重点旅游景区几乎都存在两大痛点：一是严重的淡旺季落差，二是严重的账面亏损。

造成这两大痛点的根源，主要有三个方面：

一是旅游景区往往以重资产投入为主，固定资产投入较大，投资回收期较长，战略性亏损期或者账面亏损期都偏长;

二是传统旅游景区以资源型产品为主,往往出现同质化竞争,导致独特性、吸引力不足,人流分散盈利能力不足;

三是营销策划缺少深刻度、精准性、系统性,常常出现频繁追浪潮、不断赶时髦、过度玩噱头等情况,缺少以不变应万变的巧劲,导致运营成本下不来,盈利水平上不去。

解决这两大痛点,应对措施应该有很多,不同的景区可以有不同的解决方法和解决路径。如在项目投资方面,要重资产与轻资产兼顾;在产品打造方面,要自然资源支撑型与创意资源支撑型兼顾;在营销推广方面,要追新求变与固本守恒兼顾;等等。

我以为,可从内抓"芯片研发"、外抓"年历化营销"两个方向发力,通过对症下药,消减化解这两大痛点。

(一)实施"文旅融合芯片工程",着力为旅游产品聚魂、塑形、强链,提高引流、变现、盈利能力

我这里所说的"文旅融合芯片工程",是自己对标国内外典型案例分析思考形成的年轻概念。

罗广斌、杨益言先生依据共产党人和革命志士在白公馆渣滓洞集中营与反动派顽强斗争的事迹,创作出小说《红岩》,国内累计发行千万册以上,并被翻译成多种语言在全世界发行,被戏剧、电影、舞蹈、音乐、美术等多种艺术形式移植、改编,成为白公馆、渣滓洞等红色旅游景区的强大芯片,其巨大影响力与持久吸引力极为罕见。

英国作家J.K.罗琳创作的《哈利波特》系列小说共7部,全球销量超过5亿册,并最终形成了"小说—电影—系列文创品—魔法城堡"产业链闭环体系。截至2021年,哈利波特IP全球总收益达322亿美元。

由《红岩》《哈利波特》这两个案例可见,母本订创、要素活化、闭环打造、破圈运营等构成了完备的文旅融合IP体系,类似当今科技领域的芯片系统工程,因而被称为"文旅融合芯片工程"。

目前,我们正按照在地性文旅融合IP资源调研—IP原生地旅游故事文学母本订制创作—IP原生地影视剧摄制发行—IP原片场影视旅游空间嫁接—IP影视作品文创研发—IP体系品牌输出等流程设计,自主开展《喀斯特王》《巫咸部落》《巴渝之舞》《巴楚驿城》《九黎诀》《高老庄》《边边场》等文旅融合"芯片"研发试点。待试点成功,即可总结经验在面上推广。

（二）推行"文旅融合年历化营销"，持续激发游客潜在出行欲望，有效消减淡旺季落差，大幅度提高旅游产品经营效益

近两年，我在渝东南、渝东北、主城近郊区县调研交流时，多次分享"武陵山十二闹""大三峡十二闹"等创意，获得不少业界人士的赞同和响应。他们表示，与"临时应对、急炒急卖"等传统营销手段相比，"年历化营销"更符合"敬天顺时、因时制宜"的旅游规律，更能满足"择优出行、攻略在先"的游客需求。

旅游业同农业一样，也受到区位条件、在地资源、气候、时序的影响。所谓"年历化营销"，就是基于时令、气候、物候等方面的变化规律，组织开展"十二闹"特色化营销推广活动。遵循前瞻性、系统性、落地性要求，提前谋划景区景点每个年度的营销任务、营销活动、营销节点，精准设计营销活动的主题、内容、形式、路径，把握好活动规模和节奏。与此同时，用好数字化手段，构筑全媒体矩阵，千方百计增强引客留客能级，努力实现旺季更旺、淡季不淡。

"三峡秘境"之"巴楚驿城"年历化活动总表

农历	规模	名称	内容	备注
正月	大型	奉恩节	新年开园仪式（含马神祭、马驿口-石乳关登山大赛）	活动具体方案另行编制
二月	小型	土地节	土家民俗风情主题活动	
三月	中型	花山节	踏青赏花（含摄影大赛）	
四月	大型	驿神会	山地自行车赛、山地马拉松邀请赛、山地竞走邀请赛	
五月	小型	药王节	老中医专家义诊、康养经验分享大会	
六月	中型	艺术节	消夏音乐会、非遗表演、歌舞表演、美术书法摄影联展	
七月	小型	文星会	新生读书会、诗歌朗诵会	
八月	中型	闹秋节	中国农民丰收节重庆分会场、巴楚农特产品展销	
九月	小型	敬老节	夕阳红大会、十三姓宗亲会、孝亲敬老评比表彰等	
十月	大型	村BA	乡村篮球友谊赛	
冬月	小型	刨猪会	年货文化节（含年度家畜家禽大红花评选）	
腊月	大型	赶年节	土家族迎新年集市、烟花表演、歌舞晚会	

发挥研究功能　贡献现代文明

刘德奉（重庆市文化和旅游研究院原院长）

2023年6月2日，习近平总书记在文化传承发展座谈会上发表了重要讲话。他指出，"把马克思主义基本原理同中国具体实际、同中华优秀传统文化相结合是必由之路。这是我们在探索中国特色社会主义道路中得出的规律性认识""历史正反两方面的经验表明，

'两个结合'是我们取得成功的最大法宝"。同时,他强调,"更重要的是,'第二个结合'是又一次的思想解放,让我们能够在更广阔的文化空间中,充分运用中华优秀传统文化的宝贵资源,探索面向未来的理论和制度创新"。

作为一个文化和旅游研究单位,如何提供理论支撑,如何发挥引导作用,提出一些解决的办法和路径,是重庆市文化和旅游研究院当前和今后一个时期的重要任务。下面,从研究机构的角度,结合重庆的实际,谈点个人浅见。

一、发挥功能性

重庆市文化和旅游研究院,作为重庆地区唯一的政府性文化和旅游研究机构,承担着研究重庆市文化和旅游发展的重任。成立40多年来,重庆市文化和旅游研究院紧紧围绕重庆文化和旅游发展大局,开展了一系列专题研究,推出了一系列研究成果,出版了一系列专业著作,培育了一大批专业人才,为重庆的文化和旅游发展做出了积极贡献。

习近平总书记在文化传承发展座谈会上的重要讲话,站在中华民族和中华文明永续发展的战略高度,全面概括了中华文明的五个突出特性,深刻阐明了"两个结合"的重大意义,明确提出在新的历史起点上继续推动文化繁荣、建设文化强国、建设中华民族现代文明的文化使命,系统回答了有关文化传承发展的一系列重大理论和现实问题,具有很强的政治性、思想性、战略性、指导性,是一篇闪耀着马克思主义真理光芒、充盈着中华文化独特气韵的光辉文献,为坚持和发展马克思主义文化理论作出重大原创性贡献,为建设社会主义文化强国指明了前进方向、提供了根本遵循。

作为重庆的一个专业研究机构,重庆市文化和旅游研究院深入学习贯彻习近平总书记文化传承发展座谈会重要讲话精神,并结合重庆实际,努力为重庆文化和旅游发展提供理论参考。这是我们当前和今后一个时期的重要任务,也是我们义不容辞的责任。对此,我们要充分认识到,要把这一研究工作作为最紧迫的工作来抓,特别是通过精心的研究,把宏观思想理清楚,把重点措施研究透,把阻碍问题弄明白,指导工作实践。同时,也要充分认识到,研究工作是一个重要的引导性工作,是实践的前导,是制定规划、政策、措施,从而推动发展的重要基础。

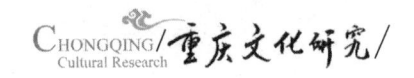

二、立足地区性

第一，学习贯彻习近平总书记重要讲话精神，结合重庆实际谋划开展好重庆文化和旅游发展工作。

第二，进一步挖掘重庆的巴渝文化、三峡文化、移民文化、革命文化、抗战文化、统战文化，通过创造性转化、创新性发展，形成新的文化形态。

第三，把建设文化强市作为重要抓手。这既是当前的具体任务，又具有一定的长远性、系统性、操作性，是在文化强国战略背景下建设中华民族现代文明的当下目标和实践路径。

第四，加强与国内各省市和世界各国的交流互鉴。在此过程中，着眼社会主义先进文化，在努力吸收中创造性转化、创新性发展，并努力传播重庆文化。

三、体现时代性

习近平总书记在党的二十大报告中指出，"中国式现代化的本质要求是：坚持中国共产党领导，坚持中国特色社会主义，实现高质量发展，发展全过程人民民主，丰富人民精神世界，实现全体人民共同富裕，促进人与自然和谐共生，推动构建人类命运共同体，创造人类文明新形态"。

而重庆如何推动高质量发展、创造高品质生活，为中国式现代化贡献更多重庆力量，这是我们必须考虑的问题，也是我们必须把握的根本。所以，我们在研究时，必须站在世界历史的高度，用一种开放的视野，吸收世界各国文明的营养要素，开展科学有效的研究。当然，还必须立足于重庆发展环境的时代性，即重庆当前和今后一个时期发展的总态势，包括重庆的现实基础、重庆的发展状态、重庆的影响因素等。然后在此基础上，提出具体措施。

建设文化强市，不是一朝一夕的事。我们需要根据重庆的发展状态，不断提出真正解决问题的新理念、新思路、新办法。所以，这一研究过程具有动态性、长期性。

四、着眼长远性

虽然我们的研究不必上升到纯理论层面，但要具有一定的理论性。研究成果要有宏观的思想性、系统的引领性、长远的指导性。

首先，要把重庆文化的特点弄清楚，历史的轨迹弄清楚，当前的状态弄清楚，未来的发展脉络弄清楚。其次，在研究这些问题的过程中，要坚持发展地而不是静止地、全面地而不是片面地、普遍联系地而不是单一孤立地观察分析事物,以把握事物发展规律。总之,要有一种司马迁"究天人之际,通古今之变"的精神。

我们对重庆的研究,既要涉及宣传思想文化工作、精神文明建设,又要涉及文化和旅游;既要涉及小文化,还要涉及大文化;既要着眼重庆本地,也要放眼周边,甚至世界。只有进行整体性思考,我们的研究成果才更具科学性。

在研究过程中,我们要着眼全国发展大局,发挥自身优势,切不可忽视存在的问题,特别是那些制度性、机制性、长期性的问题,而且要大胆指出、深刻分析、科学设想,推出更多有高度、有深度、有思想的研究成果。

五、注重运用性

研究成果要有实用性,不说空话、大话、套话、虚话,不浪费物力、人力、财力,着眼研究成果的转化和运用,为"两个结合"在重庆大地落地生根提供智力支持。这是我们研究工作者的根本态度和重要理念。

对此,我们要做好四个结合:

第一,理论与实践结合。要从理论层面研究清楚"两个结合"对重庆的重大意义。同时,也要着眼实践要求,提供具体可行的办法和措施,规划出一定的实现途径,让各个领域、各个行业有基本遵循。这是服务实践的重要基础,也是研究机构发挥"智库功能"的重要表现。

第二,当前与长远结合。我们必须要有长远思维,加强中长期战略谋划,多谋长远之策,多行固本之举。同时,要立足当前发展和工作重心,立足各个行业和部门的工作需要,立足所要解决的重点问题和具体矛盾,提供有效的解决思路和办法。

第三,整体与个别结合。整体是大局,个别是局部。既要把大局弄清楚,也要把局部搞明白;既要整体推进,也要重点突破。所以,我们的研究要有覆盖面,要有立体性思维,服务于各个层面。

第四,业内与业外结合。我们要把文化和旅游发展作为研究重点,为这个行业提供智力支持。现在的文化和旅游从发展态势上讲,已经打破了行业管理和行业发展的界限。文化和旅游与农业的融合、与工业的融合、与科技的融合等,可以说,文化和旅游与百业千行都发生了融合。跨界融合已经成为时代主题,我们要推动文化产业的跨界融合,应开阔视野、吸纳百业、发挥想象,跨出文化和旅游本身,服务于研究对象,从而推出更具时代性、创造性的研究成果。

总之,我们只有不遗余力,努力工作,多出成果,才有可能为建设中华民族现代文明贡献重庆力量。

刘德奉小结:

首先,谢谢各位专家的精彩发言。从大家的发言质量就可以看出,大家对"两个结合",特别是"第二个结合",理解深刻、研究深入。大家对发言提纲也准备充分,有的还形成了专题文章。

听了大家的发言,我认为有四个特点:

一是有高度。大家都认为,习近平总书记在文化传承发展座谈会上发表重要讲话,以强烈的历史自觉、宏阔的理论视野、深沉的文化担当,阐明了"两个结合"的重大意义。习近平总书记的重要讲话为强国建设、民族复兴新征程上继续推进实践基础上的理论创新、建设中华民族现代文明指明了正确方向、提供了根本遵循。我们在领悟好、坚持好、运用好"两个结合"科学方法的同时,还要全面落实习近平总书记对重庆作出的重要讲话和系列重要指示批示精神,主动在中国式现代化宏大场景中谋划推进各项工作,团结奋斗、真抓实干,在新时代新征程中全面建设社会主义现代化新重庆。

二是有思想。大家在讨论的时候,提出了很多新思想、新观点、新论断,有些具有很强的针对性、指导性和引领性。

三是结合重庆实际。大家站在建设中华民族现代文明的高度,着眼重庆的文化资源、发展现状、未来目标,提出了很多有价值的意见和建议,有利于推动重庆文化产业高质量发展。

四是结合业务实际。因为我们所讨论的问题是一个相对比较具体的行业发展问题,包括艺术创作、公共文化、文化遗产、旅游发展等,所以大家提供的思路、指出的问题、提出的办法和措施,都有很强的指向性,对于当前如何开展工作,具有一定的指导意义。

最后,再次感谢大家的学术贡献!

重庆市渝东南生态保护区系列研究成果之一

【编者按】2007年以来，文化和旅游部在全国先后设立了23个国家级文化生态保护（实验）区。重庆市有1个国家级文化生态保护实验区，即武陵山区（渝东南）土家族苗族文化生态保护实验区。该实验区自设立以来，始终坚持以生态保护的理念和方式，对非遗及其孕育、发展的人文环境和自然环境进行区域性整体保护，并取得了显著成效。

为进一步加强非遗区域性整体保护，研究总结国家级文化生态保护区建设经验，提升国家级文化生态保护区整体保护水平，我们从本期开始，增设了文化生态板块，将相关专家、学者及保护工作者多年来对武陵山区（渝东南）土家族苗族文化生态保护实验区建设工作的研究成果进行集中呈现。

文旅融合发展　促进共同富裕
——重庆市武隆区文旅融合发展模式初探[①]

本课题组[②]

【摘要】本文通过对重庆市武隆区进行实地调研，发现武隆区的文旅融合实践对于促进区域经济发展、提升群众文化认同感等具有重要作用，其发展模式在中国西部具有代表性。然而，该模式在实施过程中也面临一些挑战，需要进一步优化和创新。基于此，本课题组提出了一些具有针对性的建议，以期优化和完善武隆区文旅融合发展模式。

---

① 该文为2023年文化和旅游部部级社科研究项目委托立项课题"文化与旅游融合发展促进共同富裕的模式与经验研究"的研究成果。
② 课题组负责人刘旗，主研人牟元义、侯路、余炤等。

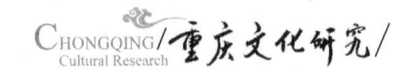

引言

文化和旅游是密不可分的两个领域,文化是旅游的灵魂,旅游是文化的载体。在全球化和城市化的背景下,文化旅游活动已成为人们生活中不可或缺的一部分,成为人民美好生活的"新刚需"。文旅融合是指文化和旅游产业的深度融合,通过将文化元素和旅游资源有机结合,实现文化价值的传承和旅游产业的可持续发展。它强调在旅游产品和服务中融入文化内涵,以满足人们日益增长的文化体验需求。文旅融合不仅可以满足人们对文化和旅游的需求,还可以促进经济发展和社会进步。

共同富裕是社会主义的本质要求,是中国式现代化的重要特征。高质量发展是实现共同富裕的根本途径。而文旅融合作为一种新的发展模式,具有促进经济增长、优化产业结构、提升人民生活质量等多重作用,因此也成为推动共同富裕的重要手段之一。

武隆区地处重庆东南部乌江下游,东连彭水,西邻涪陵、南川,北接丰都,南接贵州道真,是武陵山区(渝东南)土家族苗族文化生态保护实验区的核心区。地处武陵山腹地的武隆区,80%的乡镇、75%的行政村处在大山区、高山区和石山区,自然条件恶劣,经济发展滞后,发展规模工业和农业都不具备条件。2002年,武隆区被列为国家级贫困县。与贫困并存的,是当地得天独厚的生态环境。新一轮脱贫攻坚以来,武隆区扶贫办积极与文旅部门沟通协作,探索旅游扶贫新路子,将特色生态资源转化为脱贫攻坚优势。

模式指主体行为的一般方式或事物的标准样式,是理论和实践之间的中介环节。本文所指的模式是经济发展模式,是推动文旅融合发展、促进区域经济社会发展、实现全体人民共同富裕的机制和路径。

20世纪90年代以来,武隆历届党委政府积极践行"绿水青山就是金山银山"理念,坚定不移贯彻"共抓大保护、不搞大开发"方针,矢志不移地把生态旅游产业作为全区的主导产业和富民产业,一张蓝图绘到底、一茬接着一茬干,成功探索出"兴一个产业、活一地经济、富一方群众"文旅富民的"武隆区模式"。"武隆区模式"包括廊道带动、景区带动、合作社带动等4种文旅扶贫模式,帮助当地3万名贫困人口脱贫,其中1万名涉旅贫困人口人均年收入达2万元以上。相关文旅扶贫工作曾两次入选《世界旅游联盟旅游减贫案例》。2017年,武隆区在全市国家级贫困区县中率先脱贫摘帽。

本文以武隆区为例,旨在深入探讨中国西部山区文旅融合发展、促进共同富裕模式的作用机制和实现路径,以期为地方政府制定相关政策提供理论支持和实践指导。

一、武隆区文旅融合发展的资源基础

武隆区具有得天独厚的生态环境，以及丰富的文化遗产，先后荣膺"世界自然遗产""国家级旅游度假区""国家全域旅游示范区""国家5A级旅游景区"等金字招牌，获评"绿水青山就是金山银山实践创新基地""国家生态文明建设示范区"，叫响"自然的遗产，世界的武隆"。

（一）绝佳的自然景观

武隆区因喀斯特地貌而闻名，拥有世界自然遗产——天生三桥、芙蓉洞、仙女山和后坪冲蚀型天坑，以及白马山等自然风景区等。

武隆地处重庆东南部武陵山和大娄山之间的峡谷地带，深藏山中却"天生丽质"，集合了天坑、地缝、草原、峡谷、瀑布、溶洞、森林、河流等多种自然景观。形成在120万年前、长度近3公里的溶洞芙蓉洞，三座平均高度超过300米的天然石拱桥天生三桥，深度近300米的天坑……这些喀斯特地貌古老而罕见，使武隆被誉为"世界喀斯特生态博物馆"。

（二）丰厚的历史文化遗产

武隆区有着悠久的历史，如江口镇、羊角镇等古镇保存了大量明清时期的建筑和文化遗产；后坪坝苏维埃政府遗址是土地革命时期由四川红军二路游击队组建的乡级苏维埃政权遗址，位于武隆区后坪乡文凤村高风槽村民小组；1949年11月，刘邓大军与国民党军队在白马山激战三天三夜，最终以国民党惨败结束了战斗，三天后重庆解放。

（三）多彩的非物质文化遗产

武隆区林木茂盛，山水秀美，辖区有汉族、苗族、土家族、仡佬族等13个民族。全区有市级非遗名录共26项、区级非遗名录共161项，项目涵盖民间文学、传统音乐、传统舞蹈、传统体育游艺与杂技、传统美术、传统医药、民俗等八个类别。

（四）鲜明的"乌江文化"遗存

若干年前，乌江重庆段已形成一条连接长江流域和云贵高原及湘西的文化走廊。在乌江银盘电站，考古专家发现地下文物27处。明清时期，川盐入黔，乌江上舟楫往来，商贾云集，经济、文化空前繁荣，江口成为名副其实的"舟盐古道"。有纤夫文化，有滩头文化，等等。

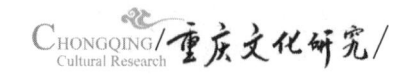

（五）独特的"喀斯特文化"资源

《满城尽带黄金甲》《变形金刚4》《骄阳伴我》《勇者无惧》《重归仙女山》等影视作品选择在武隆拍摄，令武隆"火"了起来；中国国际山地户外运动公开赛、芙蓉江龙舟锦标赛、中国武隆国际百公里山地越野赛等赛事为武隆注入了活力。一个"风土人情+山水人文+阳光产业"的喀斯特系列文化具备了雏形。

二、对武隆区文旅融合发展历程的回顾

武隆区的文旅融合发展是当地历届党委政府带领干部群众披荆斩棘、开拓奋斗的过程，是一个不断解放思想、苦干实干的过程，是一个把握规律、抢抓机遇的过程。经过多年发展，武隆区文旅由小变大、由弱变强。2022年，武隆区全年接待游客4252.47万人次，是1994年（12万人次）的354.4倍；旅游综合收入207.28亿元，是1994年（200万元）的10000倍以上。

（一）"第一次创业"（1994—2007年）

"第一次创业"以芙蓉洞对外开放为标志，武隆区旅游实现了从无到有。1994年，武隆区克服财政实力薄弱、可进入性差等困难，投入850万元，经过4个月19天的紧张施工，成功开发了芙蓉洞，实现了景区零的突破，当年接待游客12万人次。

芙蓉洞的开发拉开了武隆区旅游的序幕，创造了"开发一个洞，搞活一个县"的旅游奇迹。此后，武隆区陆续开发了芙蓉江漂流、温泉山庄、仙女山森林公园、天生三桥、龙水峡地缝等，几乎囊括了山、水、洞、桥、缝等各种形态，旅游吸引力进一步提升。

在此期间，武隆区创建了芙蓉江国家重点风景名胜区、武隆区岩溶国家地质公园、仙女山国家级森林公园，武隆区被授予"中国优秀旅游城区""国家地质公园"称号。2007年，由云南石林、贵州荔波、重庆武隆共同组成的中国南方喀斯特（一期）成为世界自然遗产。

（二）"第二次创业"（2008—2021年）

"第二次创业"以成功申报世界自然遗产为标志。武隆区旅游实现了由小变大、由弱变强。申遗成功极大增强了武隆区人对发展旅游业的信心。2008年，武隆开启了以"做大游客总量、做强旅游经济"为主要任务的"第二次创业"，围绕打造"休闲度假胜地、户外运动天堂"，立足"领先重庆、叫响全国、享誉世界"，将"重庆的武隆区"打造成为"中国的武隆区"和

"世界的武隆区"。

武隆区于2011年成功创国家5A级旅游景区,2012年成功举办大型山水实景演出《印象武隆》,2015年成功创建重庆市唯一一个首批国家级旅游度假区,2016年撤县设区。2017年,武隆区按照"一心一带五区一网"全域布局和"深耕仙女山、错位拓展白马山、以点带面发展乡村旅游"攻坚布局,坚持产、城、景融合发展,把全区作为一个大景区来打造,成功开发5A级景区3个、4A级景区4个、乡村旅游精品线路5条,实现了由点成线、由线成面的全域蜕变。接待游客从2008年的220万人次上升到2015年的2159万人次。

(三)"第三次创业"(2022—2035年)

2022年,武隆区紧扣"生态优先、旅游引领、三产融合、强区富民"发展要求,坚持以文塑旅、以旅彰文,以"做深产业链、提升贡献度"主线,掀起以国际化为引领的"第三次创业"。2022年,武隆区实现地区生产总值265.94亿元,全年接待游客4252万人次,综合收入207亿元;荆竹村入选联合国世界旅游组织"最佳旅游乡村",喀斯特旅游区获评"成渝十大文旅产业地标"。到2026年,力争成功创建世界级旅游度假区,初步建成世界知名旅游目的地。到2035年,力争全面建成世界知名旅游目的地。

三、武隆区文旅融合发展的主要举措

武隆区始终坚持"世界眼光,国际标准"原则,始终坚持富民增收的宗旨,通过政府主导、企业带动、群众参与,高起点规划、高品质建设、高水平管理、高定位营销,引领武隆区文旅由"重庆的武隆区""中国的武隆区"向"世界的武隆区"嬗变。

(一)注重顶层设计和改革创新

1.持续强化管理体制

武隆区始终将发展文旅作为"一把手工程"来抓,强化高位统筹、高位推进。2009年,武隆区成立了由党政主要领导任正副主任的武隆区县旅游发展管理委员会。2018、2019年分别成立了以区委书记、区长任双组长的武隆区全域旅游发展领导小组、文旅融合工作领导小组,持续落实区领导定点联系和工作例会制度,并将旅游目标任务纳入年度政绩考核,高位推动全区文化和旅游产业融合发展工作。2008年以来,重庆市武隆喀斯特旅游(产业)集团有限公司在全市率先回购景区经营权,成功实现六大景区所有权、开发权、经营权、保护

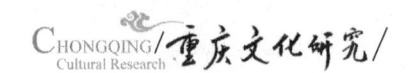

权"四权合一"。2022年,武隆区实行仙女山度假区、白马山度假区管理委员会与国有企业平台公司"一体化"运行机制,实现了管委会的全面瘦身健体,提升了旅游平台与管委会的有机耦合、运行效能。

2.持续加大财政投入

2016年起,除整合部门资金投入旅游发展外,武隆区每年安排5000万元的旅游产业发展资金,并逐年增加;建立区乡村"三级联动"服务体系,整合工青妇等部门资源;针对全区涉旅党员干部、旅游服务人员,建立起多层次常态化技能培训机制;组建旅游专家智库,每年安排1000万元人才发展专项资金。

(二)注重质量提升

1.提升旅游的文化内涵

坚持文化和旅游相生共兴、融合交汇,促进生态文化、喀斯特文化、红色文化、民俗文化、纤夫文化、农耕文化等交融发展,让旅游焕发文化魅力。大力实施"非遗+景区"举措,将苗族山歌、三棒鼓等具有表演特征的非遗项目植入天坑寨子、犀牛寨等景区,深入推进国家级文化生态保护实验区建设与全域旅游示范区、武隆区旅游国际化有机结合,争创全国文旅融合和全域旅游示范项目,努力推动文旅资源共享和服务效能提升。

2.构建多元化生态文旅体系

积极倡导自驾游、体验游、骑行游、徒步游等新兴旅游方式,大力发展康养旅游、体育旅游、冰雪旅游、红色旅游等旅游业态,打造避暑休闲、旅居度假、民俗体验、科普研学等旅游产品,持续布局多元产品体系。

3.培育地方特色消费商品

围绕吃、住、行、游、购、娱,坚持开展旅游商品设计大赛,发掘民族民俗文化资源,精心培育富有地方特色、满足游客消费需求的畅销商品,如武隆羊角豆干、武隆苕粉、碗碗羊肉、仙女红茶等。

4.推动文化旅游产业融合

武隆区积极推动文化旅游产业的融合发展,将文化元素融入到旅游产品中,如推出了大型山水实景演出《印象武隆》、"武隆区印象"文化旅游小镇等,丰富了旅游产品的内涵和外延,提高了旅游产品的附加值。

(三)注重形象宣传和市场营销

1. 首创集团营销机制

2010年,武隆区成立了16个由县领导联系,所有县级部门、国有及国有控股旅游企业参加的旅游宣传营销集团,先后赴国内100余个大中城市开展文旅推介和招商引资活动。

2. 构建"精准滴灌"立体式营销矩阵

武隆区组建6支专业旅游营销集团,主攻珠三角、长三角、京津冀等国内市场,重点开拓泰国、新加坡、越南、马来西亚、日本、韩国等市场,积极打通国际市场。

3. 探索节赛营销机制

武隆区已连续举办18届中国国际山地户外运动公开赛、5届中国·重庆(武隆区)绿色发展实践论坛,常态化举办仙女山国际露营音乐节等活动,武隆区旅游"世界能见度"不断提高。

4. 探索开放协同机制

武隆区积极同瑞士等国家的城市签订友好城市备忘录,融入长江三峡国际黄金旅游带、大武陵山旅游度假区、渝东南生态民俗文化旅游区建设,借力巴蜀文化旅游走廊、世界自然遗产联盟等平台,与四川、贵州、湖南等多个景区城市推出跨区域旅游线路20余条。

(四)注重环境优化和管理升级

1. 持续完善基础配套

武隆区始终坚持旅游业发展从"靓"化环境着手,不断完善旅游公共服务设施,提升旅游服务水平。从1994年起武隆区城区打通与外界联系的319国道沿江公路,到如今积极参与构建西部陆海新通道建设,近30年来,武隆区始终致力于缩短与外界的时空距离。包茂高速、渝怀铁路及其复线已投入使用,重庆仙女山机场已建成通航,渝湘高铁将于2024年建成通车。内畅外联旅游大通道全面升级,旅游交通枢纽和换乘体系全覆盖构建,"铁空水公"立体通道不断形成。武隆区还加大了对文化旅游基础设施的投入,如建设了重庆市武隆区游客接待中心、重庆市武隆博物馆、武隆区文化馆、武隆区图书馆等。这些设施的建设实现了"近悦远来",提高了游客的旅游体验,同时也为文化旅游产业的发展提供了有力的支撑。

2.构建新型监管机制

武隆区构建起"1+3+N"旅游综合执法监管体系,成立旅游综合执法支队,下设旅游警察支队、市场监管分局、巡回法庭,联动其他涉旅执法部门,实现涉旅案件"一个平台受理、一个平台交办、一个平台回复、一支队伍执法",有效提高涉旅案件办理质效。武隆区是首批国家级旅游业改革创新先行区、国家全域旅游示范区、国家卫生区。

3.构建全民兴旅机制

2016—2019年,武隆区对发展乡村旅游符合要求并取得经营资格的贫困户给予每张床位500元至1.5万元补助,对乡村旅游星级示范户按不同星级给予1万至3万元一次性补助;迭代升级重点打造5条乡村旅游精品线路,服务配套40余家星级酒店,1600余家连锁酒店、特色主题酒店、民宿等,形成了人人兴旅、人人出力的良好氛围。2022年,乡村旅游接待游客1400.08万人次,同比增长16.67%,综合收入28.10亿元,同比增长16.74%。

四、武隆区文旅融合发展的增收模式

武隆区成功打造了4种模式,对文旅资源的深入挖掘和整合,对文旅产业的积极推动,对文旅产品的推陈创新,对文旅品牌的成功塑造和推广,有力地促进了地方经济社会发展,带领群众增收致富。

(一)依靠资源整合路径,实现"廊道带动"增收模式

武隆区充分利用其独特的自然景观和历史文化遗产,将旅游资源与文化资源进行整合,打造出具有吸引力的文旅产品。如由仙女山、白马山、石桥湖、桐梓山组成的"旅游黄金廊道",辐射带动周边乡村发展高山蔬菜等特色产业,带动群众实现脱贫增收。仙女山旅游片区,带领近5万名农民实现人均纯收入近2万元;白马山旅游片区豹岩村利用生态和海拔优势发展茶产业,带领89户实现户均增收3.3万余元。

(二)依靠产品融合路径,实现"集镇带动"增收模式

武隆区通过打造避暑胜地,举办民俗文化表演、音乐节、山地公开赛,提供高山无公害蔬菜等特色文旅产品,为游客提供了丰富多样的文化、旅游、消费体验,满足了不同游客的需求。建成集镇移民新村169个,搬迁安置1.09万户、3.83万人;引导高山移民推出家庭公寓、特色产品、特色美食等。仙女山街道、江口镇等10余个旅游集镇农民年人均收入增速达

15%以上。双河镇木根村依托高山气候资源和重庆高山蔬菜示范基地建设,发展休闲农业和乡村旅游,年均接待游客近60万人次。

(三)依靠产业融合路径,实现"专业合作社"增收模式

武隆区在文旅产业融合过程中,突破一产、二产和三产的限制,推进文旅与相关行业的融合,将部门联合和产业融合作为旅游发展新的增长点,形成多点支撑、融合发展的大产业格局。其中,引导农民以资产、经营权等入股联营发展乡村旅游产业,实现股金分红、劳务收入双重收益。成功创建1000余家乡村旅游合作社,赵家乡吸纳119户农户成立乡村旅游专业合作社,引导农户抱团发展农家乐、采摘园等乡旅项目。2019年,合作社接待游客54万人次,旅游收入7400余万元,解决乡内富余劳动力500余人就业。通过专业合作社带动群众参与,群众的物质生活得到了极大改善,实现了物质富足;同时,也激起了群众自力更生、自强不息的精神,实现了精神富有。

(四)依靠品牌融合路径,实现"景区带动"增收模式

武隆区坚持做响品牌、做靓形象、做大市场,通过多种渠道加强文化旅游品牌融合,积极推进宣传营销,如举办文化旅游节、参加旅游展会、利用新媒体等。这些宣传推广活动,提高了武隆区文化旅游的知名度和影响力,吸引了更多游客前来旅游。通过文旅品牌融合发展,打造高能级、世界知名文旅品牌,带动了相关产业的发展。如,餐饮、住宿、交通等形成了产业联动效应,促进了区域经济的发展。以仙女山国家级旅游度假区为例,通过发展休闲旅游,现已成为建成面积18平方公里,避暑养生游客高峰期达30万人/天的度假胜地,仙女山街道农村居民可支配收入超2万元,荆竹村入选联合国世界旅游组织"最佳旅游乡村"。通过举办国际户外运动公开赛、仙女山国际露营音乐节等,提升了武隆区的知名度和形象,塑造了独特的文旅品牌。

五、进一步提升武隆区文旅融合发展水平的对策建议

武隆区文旅融合发展的4种模式取得了较好的成效,在促进区域经济社会发展,促进共同富裕,以及提升人民群众文化认同感方面取得了显著成效,在中国西部具有典型意义。面向未来,武隆区文旅融合发展、促进共同富裕任重道远,现提出以下对策建议。

(一)满足国际国内游客需求,提升服务水平

武隆区的文旅资源十分丰富,但文旅设施和服务有待提升。随着游客数量的增加,武隆区需要不断提升旅游设施和服务水平,以满足国际国内游客的需求。特别是要不断提升国际化服务水平,满足召开国际国内高端会议、承接大型节展活动、服务大型企业总部落地、孵化高科技企业研发等高端、新型业务的需求。规划建设乌江博物馆,打造乌江流域历史文化遗产的展览展示基地、研究基地、文化创意产品开发与推广基地、教育基地、研学旅行主阵地。

(二)着力现代企业管理,加强专业化管理运营

文旅产业需要各类专业人才的支撑,如文旅规划策划、文旅专业营销、现代企业管理等专业人才。武隆区的文旅发展急需这些具有现代化、国际化视野的专业人才强力入驻,给予支撑。

(三)解决发展后劲乏力问题,持续推进共同富裕

武隆区在发展过程中要注重提升文旅产业品质,提升市场竞争能力,切实解决产业发展后劲乏力问题,确保文旅产业可持续发展。切实加强与瑞士、德国、意大利、西班牙等国家的合作交流,实现产业合作,宣传营销同步,推动武隆文旅国际化发展。

(四)直面文旅行业激烈竞争,争取年轻一代的参与加盟

文旅行业竞争激烈,武隆区需要不断创新,提高产品质量和服务水平,以吸引更多游客,特别是年轻游客。努力使年轻群体喜欢武隆区,关注武隆区,到武隆区旅游,参与武隆文旅建设、发展,以青年之力实现武隆文旅的可持续发展。

(五)实施可持续发展战略,加强生态环境保护

生态环境是区域协同发展的重要保障。在文旅融合发展过程中,要注重保护生态环境,推动可持续发展,确保文旅产业与生态环境协调发展。武隆区可以加强与周边地区的生态环境保护与合作。例如,与南川区合作,共同开展世界自然遗产地生态环境保护和治理工作,与涪陵、彭水、黔江、酉阳等合作,共同推动乌江沿线环境治理和保护,科学开发生态农业、生态旅游业,共同推进生态文明建设。

（六）营造良好发展环境，带动区域协同发展

加强与周边地区的合作，共同开发旅游资源，形成区域旅游联盟。例如，与湖南张家界、重庆南川区合作，打造世界自然遗产特色旅游线路；与彭水、酉阳、黔江、秀山、石柱联手打造武陵山特色文旅线；围绕重庆江北机场、仙女山机场、黔江机场等武陵山区沿线机场，共同开发低空游航线。

浅析渝东南民族文化遗产保护利用新模式助力乡村振兴的路径和策略

田城［重庆市武隆区文化遗产保护管理所（博物馆）］

习近平总书记指出，历史文化遗产不仅生动述说着过去，也深刻影响着当下和未来；不仅属于我们，也属于子孙后代。总书记多次考察重要历史文化遗产，对文物保护利用和文化遗产保护传承提出明确要求、作出全面部署。2014年2月在北京市考察工作时，总书记指出，历史文化是城市的灵魂，要像爱惜自己的生命一样保护好城市历史文化遗产；2015年2月参观西安博物院时，总书记关心的第一个问题就是小雁塔的保护，专门叮嘱古建保护要秉持"修旧如旧"的原则；2020年10月在广东考察时，总书记指出，要加强非物质文化遗产保护和传承，积极培养传承人，让非物质文化遗产绽放出更加迷人的光彩；2022年10月在陕西延安和河南安阳考察时，总书记强调，要通过文物发掘、研究保护工作，更好地传承优秀传统文化……党的十八大以来，以习近平同志为核心的党中央从留住文化根脉、守住民族之魂的战略高度出发，把历史文化遗产保护利用工作摆到更加突出的位置，推动文物保护利用和文化遗产保护传承工作得到全面加强，取得新的历史性成就。

一、渝东南民族文化遗产概况

民族文化是某一民族在长期共同生产生活实践中产生和创造出来的能够体现本民族特点的物质和精神财富总和。文化遗产从存在形态上分为物质文化遗产和非物质文化遗产，两者既有区别，又紧密联系。物质文化遗产包括历史文物、历史建筑、人类文化遗址，强调的是历史上存在并保存、流传下来的实物。非物质文化遗产是指各族人民世代相传并视为其文化遗产组成部分的各种传统文化表现形式，以及与传统文化表现形式相关的实物和场所。包括:(一)传统口头文学以及作为其载体的语言;(二)传统美术、书法、音乐、舞蹈、戏剧、曲艺和杂技;(三)传统技艺、医药和历法;(四)传统礼仪、节庆等民俗;(五)传统体育和游艺;(六)其他非物质文化遗产。

渝东南民族文化遗产内容丰富、范围广泛、类别较多、数量较大、底蕴深厚、价值较高。笔者对相关政府文件及在渝东南6个区县非遗中心所搜集的资料进行统计得出:渝东南有不可移动文物5937处(古建筑遗址类489处,墓葬类3845处,其他类164处,桥梁类204处,石刻类1160处,寺庙类75处),国家级文物保护单位4处,市级文物保护单位57处,区级、县级文物保护单位372处;可移动文物5269件(套),珍贵文物242件(套)[其中国家一级文物6件(套),国家二级文物36件(套),国家三级文物200件(套)];非物质文化遗产代表性项目1168项(国家级非物质文化遗产代表性项目13项,市级非物质文化遗产代表性项目165项,区县级非物质文化遗产代表性项目990项),国家级非物质文化遗产代表性传承人12人,市级非物质文化遗产代表性传承人204人,区县级非物质文化遗产代表性传承人1561人。

二、渝东南民族文化遗产的保护与利用现状

党的十九大将"加强文物保护利用和文化遗产保护传承"作为坚定文化自信的重要内容,十九届五中全会将"加强文物古籍保护、研究、利用,强化重要文化和自然遗产、非物质文化遗产系统性保护"列为社会主义文化强国建设目标。各级党委和政府文物保护责任意识显著增强,地方党政主要负责同志亲力亲为抓文物工作渐成惯例,27个省级政府将文物安全纳入年度考核评价体系,省级文物行政力量总体得到加强。越来越多的地方将文物作为经济社会高质量发展的优势资源,践行"在保护中发展、在发展中保护"的科学理念,因地制宜、创新举措,合理有效盘活文物建筑、革命文物、工业遗产、传统村落等各类资源,建设"博物馆之城"、国家文物保护利用示范区,赋能城市更新、乡村振兴,古城保护与现代化建设交相辉映。

渝东南民族文化遗产类型多、数量大,非遗保护机构和相关部门、非遗传承人、非遗保护工作者吃透基本精神,把握核心要义,明确工作要求,切切实实做好了区域内文化遗产保护的基础性工作和部分文化遗产的利用工作。如黔江提出"非遗"保护传承工作"123"模式,即为每一个传承项目出台一套政策,建立"动态保护"和"静态保护"两种保护模式,打造

"传承基地、传承舞台、传承人"三个传承体系。彭水成立国家级非物质文化遗产项目鞍子苗歌传习所、高台狮舞传习所,市级非物质文化遗产项目诸佛盘歌传习所、梅子山歌传习所、庙池甩手揖传习所、郁山擀酥饼制作技艺传习所、竹板桥土法造纸技艺传习所,为培养优秀"非遗"传承人打下坚实基础。酉阳加强培养酉阳吹打、柚子龟传统制作技艺、酉阳传统造纸技艺等民族民间文化非遗项目的传承人。石柱通过挖掘,形成以土家啰儿调为代表的传统音乐、以土家打绕棺为代表的传统舞蹈、以石柱土戏为代表的传统戏曲、以三星石雕石刻为代表的民间文学美术、以竹琴为代表的曲艺杂技、以吊脚楼营造技艺为代表的民间技艺等6种形态的"非遗"文化。秀山通过建设花灯广场、花灯博物馆,制作《秀山花灯》《秀山民歌》光盘,整理、编辑出版文史资料《风物秀山》,培育文化表演队伍,开展文化展演活动等,打响中国民间文化艺术之乡(花灯歌舞)、中国书法之乡等5个"国字号"文化品牌,促进非遗项目可持续发展。

渝东南现有登记备案博物馆4家,三级博物馆1家;纪念馆4家。渝东南民族文化遗产的利用率十分有限,利用情况存在"闲着、放着、锁着"问题。笔者认为,首先要加强文物科技研究。进一步加强文物科技领域的基础和应用研究,为文物保护利用提供有力支撑。同时,加强文保单位与大专院校、科研机构的合作,构建文物保护基础研究、关键技术研发、科技成果转化、科技资源共享服务的创新体系。其次要用好数字科技,加强观众与文物互动。运用大数据、人工智能等先进技术,建设智慧博物馆,让文物灵活地"动"起来,增强趣味性、互动性、观赏性。最后要准确提炼并展示中华优秀传统文化的精神标识,继续挖掘好文物自身的历史价值、文化价值、审美价值、科技价值、时代价值。

三、民族文化遗产助力乡村振兴的主要模式

党的二十大报告提出,"加大文物和文化遗产保护力度,加强城乡建设中历史文化保护传承",明确了文化遗产保护与利用在全面建设社会主义现代化国家中的重要地位,为新时代文化遗产保护事业发展擘画了蓝图、指明了方向。文化遗产是中华优秀传统文化的重要组成部分,是中华文明绵延传承的生动见证,也是连结民族情感、维系国家统一的重要基础。许多文化遗产项目本就源自乡村,产生于乡村的生产和生活,在乡野沃土中生生不息。随着城市化进程加快,城乡差距拉大,人们对城市的文化遗产保护非常重视,但对乡村这块工作的重视显然不够,保护意识薄弱、法规体系不全、传承手段单一、发展活力不足等问题亟

须解决。鉴于此，乡村文化遗产保护与利用工作应以"全面推进乡村振兴战略"为契机，加强顶层设计、健全保护体系、深挖文化根脉、创新发展模式，为乡村文化遗产保护利用事业和乡村全面振兴探索一套可复制、可推广的新方案。

笔者认为，可从以下几个方面发力：

第一，做好乡村文化遗产活化利用。活化利用好乡村文化遗产，能够激发乡村文化活力，将乡村文化资源转化为文化红利，促进乡村文化遗产创造性转化、创新性发展，为实现乡村全面振兴提供强大助力。为了充分利用好渝东南民族文化遗产，助力乡村振兴，我们应该统筹保护利用与发展的关系，努力保持村庄的完整性、真实性和延续性。如，在特定位置建设展览展示馆，充分展示地域特色文化，讲好地域文化故事；开发与文化遗产相关的文创产品；等等。

第二，在做好文化遗产生态环境保护、整体性规划保护、整体性研究的基础上，需要做好整体性规划利用。根据研究成果，结合自然环境状况，分区域、按照文化遗产所具有的特色进行规划。

第三，根据文化遗产现状，采取"文化遗产保护+N展馆建设+N产业发展"可持续发展新模式。如，切实保护村庄的传统选址、格局、风貌以及自然和田园景观等整体空间形态与环境；全面保护文物古迹、历史建筑、传统民居等传统建筑；尊重原住居民生活形态和传统习惯；加快改善村庄基础设施和公共环境；合理利用村庄特色资源，发展乡村旅游和特色产业。

非遗包含着深厚的传统智慧，体现中华优秀传统文化的强大感召力，促进其合理利用，有助于解决乡村治理难题，吸引人才回流，重聚村庄人气。吸引各类人才在渝东南建功立业，培养造就一支懂农业、爱农村、爱农民的"三农"工作队伍，为全面推进乡村振兴提供有力人才支撑。通过用活乡土人才这一杠杆，在"引、育、用"上持续发力，通过盘活存量、扩大增量、激发能量，努力以人才振兴撬动乡村振兴。

四、结语

灿若星辰的文物和文化遗产是中华文明的瑰宝，保护文物和文化遗产功在当代、利在千秋。文物和文化遗产承载灿烂文明，传承历史文化，维系民族精神，是加强社会主义精神文明建设的深厚滋养。在强国建设、民族复兴的新征程上，要全面提升文物保护利用和文化遗产保护传承水平，更好赓续中华民族的基因和血脉。推动非遗创造性转化、创新性发展,既是全面推进乡村振兴的题中应有之义,也是建设文化强国的重要内容。加强非遗活态保护与传承,不仅能为乡村振兴注入强劲动能,还能为传承中华优秀传统文化、推进文化自信自强提供旺盛活力。

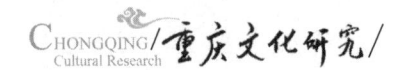

原生民歌系列评论

【编者按】原生民歌是不同地域、不同民族、不同历史时期的文化遗产。当我们深入探索和研究原生民歌时，不仅是在欣赏其音乐和歌词之美，更是在接触和理解一种文化、一段历史、一种生活哲学。

本期收录的这组文章，旨在剖析原生民歌的文化内涵、艺术价值和社会影响。研究者们通过田野调查、深度访谈和历史研究等方法，重点探讨了原生民歌与地域文化的关系，原生民歌在现代社会中的价值和意义，以及如何在新时代背景下对原生民歌进行创新和发展。

我们希望这组文章能够引发更广泛的关注和讨论，促进原生民歌的保护、传承、创新和发展。

以经典民歌《太阳出来喜洋洋》为代表的石柱土家啰儿调成因初探

童中安（重庆市石柱土家族自治县文化和旅游发展委员会）

一、引言

人是环境的产物。人类的活动、发展和分布，都要受到环境的限制和影响。民歌是人民在长期社会生活中集体创造出来的、能够反映现实的、广泛流传的一种短小的歌唱艺术。民歌音乐活动作为人类的实践活动之一，其产生、形成、发展与环境有着密不可分的关系。

二、独特的环境

地理环境是人类赖以生存的物质基础。地理环境影响人类活动,进而也对民歌施加影响。居住在不同环境中的人,有着不同的气质、性格、情感和审美情趣等,这就造就了不同体裁和风格的民歌。

石柱土家族自治县位于重庆市东部、长江南岸、三峡库区腹心,是三峡库区唯一的少数民族自治县。石柱,是巴渝文化和武陵山民族文化的交汇地,是长江大河文化与乌江流域生态文化的融合地,是"巴盐古道"的起点。地处四川盆地东部边沿的石柱,全年日照较少。所以,乐观向上的石柱土家族人,在晴朗的日子里就会非常高兴,他们用啰儿调唱出了《太阳出来喜洋洋》。

石柱土家啰儿调是石柱土家先民在社会生产生活中创造的。石柱的地理环境对石柱土家啰儿调的产生、流传、风格形成等有着深远的影响。

三、悠久的历史

石柱土家啰儿调的产生、传承和发展也与石柱的历史紧密相关。

石柱的发展历史可分为三个阶段:一是唐初石柱建县以前;二是唐武德二年(619年)石柱建县至南宋建炎三年(1129年)在石柱建立安抚司;三是南宋建炎三年至民国末年,石柱历经安抚司、宣抚司、宣慰司,改土归流后,石柱流官与土通判共存的"石柱土司八百年"。

(一)石柱建县前

至唐初石柱建县,石柱经历了漫长的发展过程。

1.石柱的历史区位

石柱在建县以前,属地很不稳定。西周之前,石柱曾处梁州之域;西周、春秋时期,属"南极黔涪"(《华阳国志·巴志》)的巴子国领地。巴人是石柱土家族的先人,探索石柱文化及石柱土家啰儿调,当从巴子国开始。

古代巴人生性剽悍,在武王伐纣之战中,巴人将士"前歌后舞"(《华阳国志·巴志》),勇猛善战,功勋卓著,被赞誉为"虎贲""虎士"。西周王朝建立后,封巴人首领为诸侯,建立了巴子国。

唐武德二年,分浦州(今万州区)之武宁县(今万州区武陵镇)西界地置南宾县(今石柱),隶临州(今忠县)。南宾县地处临州南部,取"南境宾服"之意而名。临州、南宾均为羁縻州县。此为石柱建县之始。

南宋建炎三年,马定虎征"五溪蛮"有功,授石砫安抚使,建司于水车坝,节制九溪十八峒(整个武陵山区)。

自此,石柱的历史区位基本稳定,石柱也进入了一个新的发展阶段。作为一个县级行政区划地,石柱的政治、经济、文化正式融入中华民族发展史。

2.巴国与石柱

远古时期,巴人首领巴务相被推为五姓部落的首领,称为"廪君"。廪君初居武落钟离山(今湖北长阳土家族自治县境内),后来率领五姓部落沿夷水(今清江)向西发展,到盐阳(今盐井寺)征服了盐阳女部落,再经石柱龙河流域向川东扩展,控制了这一地区,发展为一个廪君时代的巴氏族。

石柱地处巴国腹地,也是承载巴文化的要冲。春秋战国时期,石柱是巴人进入四川盆地的战略要地;秦灭巴国后,石柱又成为巴人退出四川盆地进入武陵山区的必经之地。部分巴人留在石柱定居,其后裔发展成今天的土家族。巴人能歌善舞的基因在石柱得到了继承,这自然为石柱土家啰儿调的诞生奠定了客观的地缘基础。石柱的土家人正是"巴人歌舞""巴渝舞"的传承人,石柱土家啰儿调被誉为"'竹枝词'活化石"。

3.巴人与土家先民

石柱的土家先民是巴人后裔,这在学界已经达成共识。巴人是一个能歌善舞、英勇善战的民族。《华阳国志·巴志》载:"周武王伐纣,实得巴、蜀之师,著乎《尚书》。巴师勇锐,歌舞以凌殷人。"

巴人武舞现称"巴渝舞",其经历了漫长的演变,汉代称"巴俞舞"(古时,渝作俞),晋代又改称"宣武舞"。西晋傅玄作《晋宣武舞歌》,从中可见巴人武舞之风。其一《惟圣皇篇》载:"乃作《巴俞》。肆舞士,剑弩齐列,戈矛为之始。进退疾鹰鹞,龙战而豹起。"其三《军镇篇》载:"变多姿,退若激,进若飞,五声协,八音谐。"巴渝舞的传承,也为石柱土家啰儿调的诞生提供了重要的文化基因。

(二)石柱建县到石柱建立安抚司

唐宋两朝是中国封建社会经济与文化非常繁荣的时期。唐朝,文化交流频繁,西域歌舞艺术大量传入中原,对中原音乐产生了重大影响。唐代的音乐得到了极大的发展,也取得了很高的成就。这对地处长江边、紧邻汉族地区的石柱不可能不产生影响。

唐代，巴渝一带广泛流行"竹枝歌"（亦称"竹枝""竹枝词"）。"竹枝歌"是一种自由吟唱的抒情山歌。唐代诗人刘禹锡、白居易等在创作中都吸收了这种民歌元素，创作了跟"竹枝歌"有关的诗歌，可见"竹枝歌"的影响力。如今，在石柱土家啰儿调中还能找到"竹枝歌"的曲式结构痕迹。

宋代曲词和元代小令其实也来自民歌。石柱土家啰儿调中有很多类似"小令"一样的小调。

(三)"石柱土司八百年"

石柱土司治理的历史（土通判也属土司性质）长达八百余年。土司治理时期是石柱历史上极为重要的一个发展时期，同时也是石柱土家啰儿调形成、成熟和广泛传播的关键时期。

在土司治理的多数时间里，石柱政治清明，社会稳定，经济繁荣，人民安居乐业。这自然为石柱文化的发展和繁荣奠定了坚实的基础，也为石柱土家啰儿调的形成、发展、传播创造了条件。

石柱土司兵先后数次应召平定叛乱、抗击倭寇、北上援辽，三次西南平叛，三次北上勤王，足迹遍及大江南北。在南征北战的过程中，兵士们也吸收了其他地区及民族的文化元素，并与本地本民族文化充分融合，促进了石柱地方文化与其他文化的融合发展。这也对石柱土家啰儿调的成熟和完善起到了积极作用。

明洪武十四年（1381年），撤南宾县，石柱成为一个政区，隶重庆卫。为便于管理，石柱宣抚司将境内民众按姓氏户口分为十三族，各立寨栅，全县共四十八座军寨，全民皆兵，平时务农，闲时练兵，遇警则由土司统一指挥，全民出击，共同抗敌。其时，军寨遍布石柱全境，击鼓冲锋，鸣金收兵的军寨文化逐渐以锣鼓的形式渗透到石柱人民的军事活动和生产生活中。

石柱土家先民手拿"竹枝"、口唱"女儿"的早期演唱形式，慢慢改为锣鼓伴奏。为了合节拍，边唱歌词边念锣鼓经，"啰儿""哐扯嘡嘡扯、嘡嘡扯哐扯"等被传承了下来。民间演唱民歌时，部分锣鼓经就转化为歌曲的衬词。演唱形式也逐渐从"竹枝词"转变为口衔"啰儿"、手敲"锣儿"、脚踏"锣音"的石柱土家啰儿调。

四、厚重的人文

石柱土家啰儿调的产生，离不开石柱的人文环境。数千年来，在石柱这块土地上繁衍生息的土家先民，从石柱厚重的人文积淀中，不断地吸收、消化，最终产生了影响深远的石柱土家啰儿调。

(一)楚辞对石柱土家啰儿调的影响

春秋战国时期,巴国和楚国地界犬牙交错。地理之便,使巴楚的政治、军事、经济、文化上的交流极为密切和频繁。石柱地处巴楚交界,其文化必然也受到了楚地文化的影响。

石柱土家族的祖先巴务相廪君出生于楚地。《世本》有"廪君之先,故出巫诞"的记载,说明了廪君之出身。巴楚地界相邻,两地在宗教信仰、民族、民风、习俗等方面有许多共性。

在这样的背景下,完全可能存在带巴歌色彩的楚辞和带楚辞色彩的巴歌。笔者在对石柱土家啰儿调进行深入研究的过程中发现,石柱的许多山歌、俚曲都折射出楚辞对巴歌——石柱土家啰儿调滋润的光辉。

比如,石柱土家啰儿调唱腔在句中、句尾衬词的运用与楚辞句中、句尾"兮"字的运用基本相同,这体现了巴楚两地民间歌谣在润腔上的共性。

古时流行于楚国的"下里巴人"曲,"和者数千人",是一种一人唱、众人和的演唱形式,这与石柱土家啰儿调的表现形式相似。

屈原的《九歌》充分借鉴了巴楚民间歌谣的对唱、盘歌形式,如《湘君》《湘夫人》将对唱形式运用得恰到好处。而且,屈原还将巴楚之地祭神时以巫娱神、与神调情的情歌大胆收进自己的作品。可以说,《九歌》就是一部集人神恋爱之大全的情歌。而唱和形式的盘歌在石柱土家啰儿调中比比皆是。

可见,石柱土家啰儿调在结构特色、衬词润腔、唱和形式、对唱形式等方面,都保留着楚辞的遗风。

(二)石柱土家啰儿调与竹枝词共生共荣

竹枝词亦名竹枝歌、竹枝、竹枝曲等,主要流行于巴渝一带。郭茂倩《乐府诗集》云:"竹枝本出于巴渝。"黄庭坚也说:"竹枝歌本出三巴,其流在湖湘。"《蜀中广记》载:"正月七日乡市,士女渡江南蛾眉碛上作鸡子卜、击小鼓、唱竹枝歌。"这里的"江南"就包括石柱的西沱一带。

竹枝词本为民间俚曲,后受到唐代文人青睐,竞相仿作,进而从村野田间跃上文人案头,传遍大江南北,绵延不断,至今不绝。

竹枝歌不仅对唐诗及宋词产生了很大影响,其作为民歌,对流行地民歌的发展也起到了促进作用。

石柱土家啰儿调和唐代流行的竹枝词,在起源地域、演唱场合、结构形态、命名方式等方面有诸多相似之处,在所表达的内在思想感情和信仰崇拜上也有不少相同之处。因此,很多研究石柱土家啰儿调的学者认为,石柱土家啰儿调是竹枝歌在传承过程中的嬗变和发展。

其一,在旋律上,明代胡震亨在《唐音癸签》中说道:"竹枝本出巴渝,其音协黄钟羽,末如吴声。"这无疑与骨干音为"la-do-mi",而结束在"sol-la"上的石柱土家啰儿调有异曲同工之妙。

其二,在歌词结构上,二者也有不少相同之处。皇甫松作《竹枝》:"芙蓉并蒂(竹枝)一心连(女儿),花侵隔子(竹枝)眼应穿(女儿)。"其中,"竹枝"和"女儿"都是衬词,在歌曲中作为"和声"出现。而石柱土家啰儿调也常常在四字和句尾出现衬词以帮唱"和声",如"太阳出来(啰儿)喜洋洋(啰啷啰)"。

在中国,一直以来都有用衬词给歌曲归类取名的传统,而竹枝歌和石柱土家啰儿调,恰好都采用衬词命名。[1]

在漫长的时间里,竹枝歌经历了产生、繁荣等发展演变,而今已经消失,但它在历史上留下了清晰的文化烙印,其文化基因传承至今,并在石柱土家啰儿调中依稀可见。

(三)巴盐古道文化对石柱土家啰儿调的形成具有重要意义

巴盐古道被誉为"中国第五大古道"。巴盐古道一路经西沱古镇沿江而下,抵达湖北荆州、襄阳一带;一路至汉中,横跨长江、黄河两大母亲河,联通了陆上丝绸之路;一路沿江继续东下,直达洞庭湖一带,联通了海上丝绸之路;一路由西沱古镇到湖北利川、龙山,至湖南湘西一带,再西入云贵高原,贯通了茶马古道。

巴盐古道在历史上发挥了不可替代的作用,是物资交流通道、民族迁徙通道、军事通道等。而最让巴盐古道出名的,当数清末太平天国运动以及抗战时期的"川盐济楚"活动。

历史悠久的巴盐古道,不仅仅是一条经济大道,也是一条文化传承大道。巴盐背夫行走在巴盐古道上,为缓解疲劳,调节情绪,他们唱起"号子"。巴盐古道上的"背夫号子"粗犷豪放,震撼人心:"太阳出来照白岩,妹不招手我不来""前面一坡梯,几步拿上去"…… 这些背夫号子是啰儿调的重要内容。

巴盐古道上的啰儿调声情并茂,情真意切,别具一格。啰儿调重庆市级传承人李高德,其父亲、爷爷和外公都是巴盐古道上的力夫。李高德曾随父亲行走于巴盐古道,西至西沱,

---

[1] 秦懿:《石柱土家【啰儿调】音乐形态探微》,《艺海》,2019年第1期。

东达湖南古丈,从小耳濡目染,十分了解古道上的故事、号子。传承人的歌声至今回响在渝东大地上,是古盐道上一道独特的人文风景。

(四)诗词对石柱土家啰儿调的发展起到了促进作用

诗词和民歌都是意蕴和声音的融合。民间歌谣和文人诗歌中的意蕴和声音各具特色。民歌的情思朴素真挚,音调自然流畅、铿锵悦耳、上口易记。相对来说,文人诗歌算是精深富丽的"雅辞",立意比较高远,音调亦较复杂。

诗词和民歌都是人创造的文化产物,二者都与人类社会的发展同步,并在发展过程中相互学习、相互借鉴、相互影响、相互促进。

石柱土家啰儿调也是如此。唐代,白居易在忠州刺史任上,曾经多次到所辖的南宾县视察和游历,并写了多首以石柱为主题的诗歌。历代文人吟咏石柱的诗词作品对石柱土家啰儿调的形成、成熟和繁荣起到了积极的促进作用。

(五)土司文化对石柱土家啰儿调的形成具有无可替代的作用

"石柱土司八百年",土司文化在石柱文化中占有重要地位。石柱土司历史,其实质就是一部忠贞爱国、保境安民的征战史。

石柱土司的代表人物秦良玉(1574—1648年),出生于忠县一个岁贡生的家庭,自幼深受家庭"执干戈以卫社稷"思想的影响,从小即显露出出众的军事才能。秦良玉嫁石柱宣抚使马千乘为妻后,在石柱创建了一支"戎武肃然"为远近所惮的"白杆兵"。秦良玉戎马一生,三次勤王、三次平叛,战功赫赫,威名一世。她是《明史》记载的唯一以军功进入将相列传的巾帼英雄。

石柱土家先民在随土司征战的过程中,如海绵般不断吸收各地各民族的文化,并将其带回石柱,融合到本民族文化中。仅秦良玉三次北上勤王带回的古书典籍、佛家经典等就有满满五大马车,现今仍有不少存于四川和重庆各大图书馆。

据石柱土家啰儿调传承人家谱等资料记载,石柱土家啰儿调大致形成于唐宋,成熟于明代中晚期。秦良玉带回石柱的这些丰富的外来文化,对石柱土家啰儿调的形成具有无可替代的作用。

独特环境,培育了包容四方的石柱文化;悠久历史,酝酿了底蕴厚重的石柱文化;多维渗透,铸就了异彩纷呈的石柱文化。

独特的环境、悠久的历史、厚重的人文,这些是石柱土家啰儿调形成的关键因素。如果没有石柱这个特殊的环境,就不可能产生石柱土家啰儿调。

秀山民歌的九腔七调
——原生民歌本体研究

王世金（秀山花灯歌舞剧团）

一、概述

秀山土家族苗族自治县位于重庆市东南部、武陵山脉中段、四川盆地东南缘外侧,为渝东南门户,有"小成都"之美誉。县境东临湖南省龙山、保靖、花垣;南连贵州省松桃;北接酉阳;东北距湖北来凤仅20公里。面积2462平方公里,辖27个乡镇、街道。截至2021年,人口为67万。在民族构成上,少数民族人口为主体,其中又以土家族、苗族为主,两个民族人口约占55%,汉族人口约占45%。

特殊的地理位置,使秀山自古为兵家必争之地。同时,因其地处渝、黔、湘、鄂四省市接合部,边区商贸异常繁荣。长期以来,四地民风汇集于此,民俗文化尤为醇厚。

截至笔者完稿时,秀山县共有22个市级非物质文化遗产代表性项目,即秀山民歌、薅草锣鼓、阳戏、余家傩戏、龙凤花烛、秀山花灯、打绕棺、辰河戏、保安灯儿戏、金六福字牌、秀山竹编制作技艺、酉水船工号子、秀山花灯戏、秀山毛尖栽培与制作技艺、秀山敕饭制作与分享习俗、苗族四月八、秀山米豆腐食俗、苗族赶秋、秀山苗族羊马节、秀山金珠苗绣、辛家老店豆腐乳传统制作技艺、洪安腌菜鱼传统制作技艺。其中,秀山花灯和秀山民歌已被纳入国家级非物质文化遗产代表性项目名录。因此,秀山不仅是"花灯歌舞之乡",也是"民歌之乡"。

秀山民歌是世代生长在秀山这片土地上的各族人民智慧的结晶。它的缘起、兴盛和传承,与秀山这方水土密不可分。秀山地形地貌复杂多样,在周边地区绝无仅有,由"一顶、两山、三盖、四水、五坝"构成。"一顶",即轿子顶;"两山",即太阳山和八面山;"三盖",即平阳盖、川河盖和木桶盖;"四水",即酉水河、梅江河、清水江、溶溪河;"五坝",即梅江坝、中和坝、七十坝、龙池坝、溶溪坝。这种山峦雄浑、平坝广阔、河流纵横的格局,孕育了形式多样、题材丰富的秀山民歌。

秀山民歌的兴盛也得益于当地其他民间艺术的衍生。秀山花灯、薅草锣鼓、余家傩戏、阳戏、保安灯儿戏、辰河戏、打绕棺等，都与秀山民歌密不可分，同乳共生。

秀山县境内的河流，除隘口镇百岁村的贵郎沟属乌江水系外，其余均汇入酉水，注入沅江，通洞庭，到洪湖，达湖广。旧时，在陆路交通极不发达的情况下，秀山和外界的流通均靠水运交通。白米下柳州、秀油下湖广，秀山当地的土产特产便通过水路运送出去，再把沿岸及湖广一带的商品运回秀山。频繁的经济往来，使文化得以碰撞、交流、兼容和繁荣。尤其是"湖广填四川"之后，大量汉人涌入秀山地区，使得秀山的民间音乐日益丰富，终成体系，尤其是音乐腔调更趋完善。

秀山民歌的演唱形式有独唱、对唱、领唱、齐唱等，其中以独唱和对唱居多。调式和音阶以"五度相生"体系为基础，"宫、商、角、徵、羽"一应俱全。曲体结构通常由两个乐句或四个乐句组成一个乐段。一般一句歌词为一个乐句。往往在简短旋律中装进多段唱词，从而构成一曲多词的特点，与我国传统的"竹枝词"异曲同工。

秀山地区的语言属北方语系。多民族杂居使秀山具有别具一格的语音特征，所以秀山民歌也具有独特的音高、音色、节奏、力度和润腔方式。

不同地区的秀山民歌具有不同的音乐风格。隘口、龙凤坝一带与贵州沿河、印江、松桃等地交界，其音乐风格体现为高亢动听、起伏较大。这一风格特征在山歌唱腔上体现得尤为突出。中和、石耶、中平、龙池一带地处县城周边，音调相对平稳。溶溪、膏田、溪口一带，崇山峻岭居多，农耕文化相对深厚，音乐内容多与劳动生产相关。兰桥、钟灵、梅江一带与贵州松桃接壤，灯调居多。石堤、海洋、大溪一带，位于酉水沿岸，音乐内容多与以水运为主的生产生活相关。边城洪安、峨溶、雅江地处渝、湘、黔接合部，与边区三地同喝清江水，山同脉、水同源、人同宗、民同俗，音乐内容多与边区商贸相关。

秀山民歌还因地势的高低缓急，产生了不同的演唱风格。高山地区的民歌相对高亢嘹亮，平坝地区的民歌相对舒缓低沉。

民歌以演唱为传播方式，演唱以声腔为表现形式。秀山民歌的演唱声腔，根据民族性格、语言特征、音乐旋律、应用场合和表达方式分为九腔七调："九腔"即土家族高腔、土家族平腔、苗族高腔、苗族平腔、傩戏高腔、傩戏玩腔、辰河戏高腔、辰河戏弹腔、号子尖腔；"七调"即花灯正调、花灯杂调、灯戏调、娃儿调、摇篮调、哭嫁调、情调。

二、九腔

(一)土家族高腔

秀山土家族人民生活的地方多险滩急流和崇山峻岭。在田野山间劳作时,土家族人民通常以歌传情和解乏。为了将歌声唱得更响、传得更远,他们通常会将嗓音提高一个八度以上,以真假声混合的方式进行喊唱,从而形成了独具特色的土家族高腔民歌。

秀山土家族高腔民歌曲调起伏较大、音域宽广奔放、音色质朴嘹亮,音域可达到八度至十二度。在歌唱中常用"颤""喊""滑""倚""假声"来表现,以衬词和拖腔的形式集合方言,表现出独特的山地特色。多以即兴演唱为主,观物思景、见景生情,随编随唱、随问随答,充分展示了当地土家族人民的聪明机智。

调式多为羽调式和徵调式。结构多是单乐段曲式,演唱形式有对唱、接唱、独唱和齐唱等。首尾多以散板的形式出现,可快可慢,自由舒展。表现内容宽泛。歌词多为四句体,每句七个字,通常一、二、四句押韵。衬腔衬词、方言方音明显,音乐旋律质朴,具有浓郁的乡土生活气息和淳朴豪放的民族性格。

秀山土家族高腔民歌源于自然生态和生活实践,具有丰富的文化内涵和底蕴,极具艺术特色和文化价值,代表曲目有《摆手呼号》《太阳出来照白岩》《高高山下一条河》等。

(二)土家族平腔

秀山土家族平腔民歌相对于高腔民歌而言,声腔悠扬舒展、感情深沉细腻,是一种优美、婉转的叙事曲。平腔民歌因说唱兼顾,可容纳较长的歌词,且字句的排列较高腔民歌密集,旋律级进相对较多。节奏从容自由,旋律进行平稳,拖腔较短。

和高腔民歌不同,秀山土家族平腔民歌多在室内、院落或平缓开阔的地方演唱。曲调句式规矩,通顺流畅,多用真声演唱。类型有风俗歌、仪式歌、古歌、叙事歌等。代表曲目有《花也香来藕也甜》《扯闲歌》《好个月亮》等。

(三)苗族高腔

秀山苗族民歌是秀山地区苗族人民在长期劳动生活中自由抒发内心思想感情的载体,是苗族人民从古至今辈辈口传心授、代代衍展传递的本土音乐,多以苗语传唱,具有浓郁的民族地方特色。

高腔是秀山苗族民歌中极富特色的声腔,一般在高山和田间作歌,歌手根据所处环境,或站或坐，以真假声混合演唱。旋律大起大落，像高山瀑布飞溅百里，充分体现了当地苗民强悍勇敢的性格。

秀山苗族高腔民歌咏唱性极强，节奏较自由，近如散板，大多是一段曲调演唱多段歌词的分节山歌体，常以低音区引腔，配上衬词"噢、欧、呓"等翻八度作腔。旋律自然流畅，歌词内容丰富。代表曲目有《苗家要数黛雅娇》《台代汝浓达朱》《保安苗家山歌》等。

(四)苗族平腔

平腔是秀山苗族民歌运用最广的一种声腔，因多在寨内演唱，故又称"乡歌"。其旋律起伏不大，进行比较平稳。旋律通常在一个八度内进行，属于一种朗诵语调，用真声演唱。曲调抒情悠扬，清丽而婉转，坚实而透亮。

虽然此腔有时接近于小调或说唱音乐，但根据其结构、润腔、即兴作词演唱等特点，仍属于山歌体。其速度可快可慢，演唱中常加以不少衬词做连接，一曲反复演唱多段歌词较为常见，句首和句尾处均有不长的衬词腔节。

总的来说，此腔婉转流畅，悠扬悦耳，曲调含蓄幽雅，有明显的地方特色。代表曲目有《雨点落在芯蕊间》《打秋千》《金珠苗寨古歌》《保安苗寨迁徙歌》等。

(五)傩戏高腔

傩戏被称为"中国戏剧的活化石"，作为戏剧的母体之一，其发展历程漫长，流派各异。傩戏是一种酬神娱人的宗教仪式戏种。人们为了求子求财、安康长寿，通常许下愿望，请来傩戏班子为其还愿。

秀山地区的傩戏分为面具傩和开脸傩两类，演出时又分正戏和杂戏。傩戏高腔主要出现在土家堂屋内装有"桃园洞"的"天晶宫""地晶宫""水晶宫"正戏的表演之中。

傩戏高腔由傩戏艺人使用的法器发出的声响演变而来，因而又称"牛角腔""司刀腔"等。其旋律与目连高腔相似，曲调高亢、激昂，音域宽广，旋律跳动较大，节奏自由且富于变化，腔词结构多为"字稀腔长"，并有大段行腔，戏剧功能极强。代表曲目有《傩法赠宝》《喊傩合宵》《上刀山》《法师腔》等。

(六)傩戏玩腔

秀山地区的傩戏表演有一套固定的流程，每种表演流程使用的声腔各不相同。正戏"开戏洞"之后，杂戏中众傩神"仙锋小姐""开山大将""算匠""师娘""琴童""八郎""判官"等几位人物先后出场,表演过程中使用的声腔就是傩戏玩腔。这系列人物戏是傩戏的主体,其表演形式非常灵活,气氛活跃,又唱又跳,诙谐幽默,极富生活气息。使用傩戏玩腔表演的戏份通常引得观众忍俊不禁,因而又被称为"小品戏"。代表曲目有《看主》《出师娘》《出仙锋》《出开山》《出算匠》《出土地》《出琴童》《出八郎》《出判官》等。

(七)辰河戏高腔

辰河戏是一种源自楚调、汉调、皮黄腔的湖南汉戏剧种。曲腔幽雅,表演朴实,富有乡土特色,为人们所喜闻乐见,广泛流传于湖南怀化、湘西,以及与这些地区毗邻的贵州铜仁、松桃、印江、思南、玉屏、镇远和重庆酉阳、秀山、黔江、彭水等地。演出剧目内容积极向上,寓教于乐,艺术性强。

辰河戏高腔曲牌丰富。声调体制源于弋阳腔,与湘西地区的语言、民间音乐相糅合,逐渐衍变而成,适用于表达喜、怒、哀、乐等。向无曲谱,只沿土俗,借用乡语,改调歌之。在演唱中有很大的灵活性,富有地方特色。声音高亢、嘹亮,风格粗犷、豪放,感情朴实、真挚,音域较宽,可在高、中、低音区回旋。声音高放时,响彻云霄;柔和时,则细若游丝,婉转别致,幽雅动人。

辰河戏高腔可塑性大,一支曲牌,各种行当的人物都可以用,可塑造各种人物形象,表达不同的感情。通常由一人启口,唢呐帮腔,锣鼓伴奏。

辰河戏高腔角色行当相对齐备,包括生角、旦角、花脸、丑角等多个行当,各行又有不同的小行或戏路。表演时,伴有许多身段谱和特技。男声用大本嗓演唱,给人以粗犷奔放之感;女声唱腔的假嗓演唱则委婉清亮,悦耳动听。

辰河戏高腔较早地在戏剧演出中实现了观众和演员的互动,被称为"世界上最早的意识流艺术",被誉为"中国戏剧的瑰宝"。

秀山地区的辰河戏高腔完整地保留了当地特色,具有广泛的群众基础。代表剧目及曲目有《目连戏》《乌杨过江》《至秀山》《安安送米》《百花赠剑》等。

(八)辰河戏弹腔

辰河戏弹腔是一种属于皮黄系统的板式声腔。通常认为,辰河戏弹腔由南北二路组成。南路定弦为5—2弦,曲调深沉柔和带"阴性",速度较缓,适宜表现缠绵委婉、哀怨伤感的情绪,常用于言情剧目。北路定弦为6—3弦,曲调明朗活泼带"阳性",速度较快,适宜表现乐观、激昂的情绪,常用于武打剧目。

辰河戏弹腔音乐在刻画人物、表达感情时，主要通过不同板式之间的联系和变化。流传于秀山地区的代表曲目有《秀油古道》《花灯红》等。

(九)号子尖腔

秀山民歌中的号子尖腔即用真假声交替演唱的高山号子和水上号子。秀山地区的劳动号子品类众多，高山号子的代表是薅草锣鼓，水上号子的代表是船工号子。

薅草锣鼓，俗称"打闹"，属农事号子，在薅草、薅秧时演唱，主要用于提高劳动者的积极性和注意力、防止偷懒怠工以及驱赶野兽。表演形式以一领众合为主，锣鼓伴奏，其场面气势磅礴、歌声震荡山谷。

船工号子流传于县境内梅江河、酉水河和清水江流域。旧时陆路交通极不发达，多以水运为主。在行船过程中，船工根据水流缓急和劳动强度，即兴喊出号子，互相鼓劲。其风格雄浑豪放，节奏明快有力，体现出船工们迎风斗浪的坚强意志和无畏气概。

高山号子的代表曲目有《太阳出来照白岩》《花锣花鼓闹阳春》《撑起高山朝前走》《薅秧歌》《梭罗号》等，水上号子的代表曲目有《下汉口》《下辰溪》《石堤马头生得乖》《创业好比上水船》等。

三、七调

(一)花灯正调

秀山花灯曲目纷繁，数量众多，分为正调和杂调两大类。

在花灯歌曲中，有这样的刷白词："正调曲牌多又多，主要唱的祝贺歌，按照程序来表演，看灯之人乐呵呵。"也就是说，花灯正调是花灯音乐的正流曲牌，有一套完整的程序，包括祭灯、启灯、开财门、观灯、送寿月、闹红灯、拜年祝贺、谢主、辞神、烧灯等。

正调的唱词一般是古代流传下来的，不会轻易改变。表演时，一般以锣、钹、瓮琴伴奏。这类曲调旋律流畅、平稳，易唱易记，一曲能反复演唱若干段次。代表曲目有《大闹红灯》《请灯》《出灯》《启灯》《开财门》《门斗转》《逗郎调》《送寿月》《谢主》《送灯》《烧灯》等。

(二)花灯杂调

"杂调曲牌真不少，《黄杨扁担》是代表，《一把菜籽》撒天下，流传要数《黄花草》。"

花灯杂调是花灯音乐的精华部分，曲调种类繁多，数量庞大，内容丰富多彩，直接反映人民的生产生活、社会的民俗风情等,具体包括赞美大自然,歌颂爱情,讲述人生哲理,传授生产生活知识,歌颂历史和人物,等等。唱词既有传统内容,也有即兴创作。代表曲目有《黄杨扁担》《一把菜籽》《绣荷包》《黄花草》《刮地风》《采茶调》《望郎调》《送郎调》《五更调》《十字调》《油茶调》《四季相思》《十把扇子》等。

(三)灯戏调

灯戏调指流传于秀山地区的灯儿戏、阳戏曲调。

灯儿戏、阳戏曲调属灯调丝弦戏,其曲调在花灯音乐和小调的基础上发展演变而来。主奏乐器为锣鼓、二胡等。旋律优美动听。

灯戏调板式相对简单,慢板、中板用于叙事,快板用于表现激动的情绪,散板用于引子和放腔。一台戏通常只用一个调门。

灯戏调老少皆宜,在秀山民间具有广泛的群众基础。代表曲目有《灯儿戏原板》《阳戏原板》等。

(四)娃儿调

娃儿调,也称"童谣"或"儿歌",是为儿童作的短诗,强调格律和韵脚,通常以口头形式流传。

娃儿调的内容有对古代仪式中的惯用语进行加工而来的内容,也有以历史事件为题材的内容,还有取材于日常生产生活的内容。

娃儿调体现出多个特征:取材于生活、自然、传统文化,内容浅显、思想单纯;想象力丰富,富有情趣;篇幅简短,结构单一;语言活泼,富于音韵,朗朗上口;常见的表现手法有比喻、拟人、夸张、起兴、摹状、反复、设问等。

经过一代又一代人的传承,娃儿调的艺术形式愈发多样,有游戏歌、数数歌、问答歌、连锁调、拗口令、颠倒歌、字头歌和谜语歌等。

娃儿调对儿童的智识教育、情趣教育、文学教育和品德教育具有重大意义。不同的娃儿调具有不同的启蒙教化功能,如《虫虫飞》可启发幼儿运动手指,《走街街》可启发幼儿学习走路,《蚕姑姑》可启发幼儿学习讲话,等等。

(五)摇篮调

摇篮调是母亲哄幼儿入睡的歌曲,通常都很简短,旋律轻柔甜美,节奏具有摇篮的动荡感。

摇篮调以抒情为主,描写摇篮摆动的节奏,中等速度的节拍最为常见。流传于秀山地区的代表曲目有《大月亮,小月亮》《梭罗树》等。

(六)哭嫁调

哭嫁调源自当地土家族的婚嫁习俗,是土家族姑娘在出嫁前惜别亲朋好友、控诉包办婚姻等所哭唱的一种曲调。

哭嫁调的哭唱形式分为"一人哭唱"、"两人哭唱"和"哭团圆"三种。

"一人哭唱"即姑娘以哭唱的形式表达对自己命运的感悟,对父母养育之情的感恩,对姐妹情谊的难舍难分,以及对封建婚姻的批判,等等。

"两人哭唱"称为"姊妹哭",即由出嫁姑娘先哭唱,陪哭人在一旁劝慰哭唱,从句尾插入,两人一起一落或对唱,自然地形成模仿式多声部音乐。

"哭团圆"又叫"陪十姊妹",是土家族姑娘哭嫁的独特形式。新娘出嫁的头天晚上,邀请亲邻中的未婚姑娘9人,与新娘共10人在新娘的闺房围席而坐,通宵歌唱,故称"陪十姊妹"。

哭嫁调的音乐结构属"联曲体"结构,是一个较长乐段的多次反复。在反复哭唱的过程中,由于唱词变化,旋律也略有变化,但基音及终止音保持不变,每句旋律均由高音级进下降。旋律中装饰音运用较多,在句尾时常加入呜咽与抽泣声,以表现妇女悲痛压抑的情绪。

哭嫁调有固定曲牌,唱词内容极为丰富,语言精练质朴。一般为五字句、七字句,押韵上口,通俗明快,易于传唱。根据出嫁程序,有哭父、哭母、哭兄嫂、哭姐妹、哭弟弟、哭叔伯、哭舅父、哭外祖、哭媒人、辞别祖宗、哭梳妆、哭吃离娘饭、哭穿露水衣、哭上轿、哭众客人、哭安席等。流传于秀山地区的代表曲目有《哭爹娘》《哭媒人》等。

(七)情调

情调即情歌,在秀山民歌中数量非常多。在秀山,年轻男女"以歌调情,以歌传情,以歌为媒,以歌定情"。

情调的演唱形式主要有独唱和对唱,以对唱居多。歌词内容以表达爱慕之情、相思之苦为主。代表曲目有《有朵桃花顺水流》《豇豆林》《后天才到你的家中来》《小小奴的心肝亲亲奴的郎》《多个枕头少个郎》等。

四、结语

> 黄杨扁担闪悠悠,
>
> 挑挑白米下柳州。
>
> 人说柳州姑娘好,
>
> 个个姑娘会梳头。
>
> …………

这就是蜚声中外的中华民歌经典、秀山民歌《黄杨扁担》。

位于渝、湘、黔、鄂交界的秀山,民族历史波澜壮阔,民族文化底蕴深厚,民间艺术灿烂如花。秀山是花灯歌舞之乡、民歌之乡,是中国土家族文化发祥地之一,中国著名边城。

秀山民歌的源头最早可追溯到上古时代的巴渝歌舞,是长江流域酉水文化和巴渝文化的重要组成部分。秀山民歌浩如烟海,它是秀山人民智慧的结晶,与秀山人民的生产生活紧密相连。

在这片土地上,人人会唱民歌,个个都是歌手,各种场景都有民歌。秀山人民通过民歌传授知识,表达思想,诉说衷肠,祈求五谷丰登、幸福吉祥;同时也用民歌抒发情感,记录历史,美化生活,成就梦想。

岁月流转有民歌相伴,悲欢离合有民歌表达。生活创造了民歌,民歌又丰富了生活。

秀山民歌简洁朴素,短小精干,易于传唱,具有鲜明的民族特征和地方色彩,展现了秀山的自然之美和人文之美,丰富了中华民族民间音乐的内涵,为研究土家族、苗族音乐史提供了重要参照。

严思和老师傅生前说过,《黄杨扁担》《一把菜籽》的"调门"他能"翻"个"九腔十八板"。我们走遍山川,步履不停,怀着"九腔十八板"的信念在寻找,在探索,秀山民歌的发展脉络变得清晰起来。在同类原生民歌本体研究书籍中,都没有采用惯常的编目,而是按照民间传统的说法,将秀山所有的传统音乐用"九腔七调"分类编写,使秀山民歌的传承线路回归生态,这体现了作者们的良苦用心。读者可以轻易地从"九腔七调"的秀山民歌中捕捉到秀山所有的非遗品种和秀山人的所思所想、所爱所恨、所思所盼,从而将民族文化的养分转化成我们建设美好家园的不竭精神动力。

原生民歌的创新性转化
——以四川盘子为例

舒启容（重庆市群众艺术馆）

原生民歌和四川盘子是两种不同的艺术形式。原生民歌是人民群众在生产生活中所创造的，并在民间广泛流传的歌曲。四川盘子为曲艺的一种，流传于四川、重庆，因演唱者左手握瓷盘、右手捏一双竹筷，边敲边唱边舞而得名。

原生民歌和四川盘子虽为两种不同的艺术形式，但它们有着千丝万缕的联系。相对原生民歌，四川盘子是较"年轻"的艺术类型。四川盘子并非原生于重庆、四川地区，而是来自湖北。据考，四川盘子由湖北传入巫山地区。四川盘子的发展有一定的内在动力，通过吸收重庆、四川的原生民歌元素，不断丰富自己，壮大自己。

通过探讨这两种不尽相同又联系紧密的艺术形式，笔者惊讶地发现，四川盘子可以说是原生民歌创新发展的结果。

一、原生民歌与四川盘子的起源与异同

原生民歌飞扬在广阔的山野、田间，四川盘子敲响于城市码头、酒肆茶楼。

原生民歌来自人类的生活和劳动，有人便有民歌，有劳动便有民歌，有聚集便有民歌，有爱有情便有民歌。原生民歌产生于民间，在劳动人民中唱响，以口口相传的形式传承。原生民歌源远流长，它是诗的源头，在文字出现之前就有了民歌。《诗经》《楚辞》等古籍中亦记载了不少古代的民歌。

民歌是人们生活的重要组成部分。随着人类社会的发展，原生民歌涉及的内容越来越广、程度越来越深，其社会作用也越来越突出。

四川盘子从何而来？四川盘子是曲艺的一个曲种，虽然它冠以"四川"这一地名，但它的"根"在湖北。其产生于湖北，在四川（重庆原属于四川省）发展壮大，所以被称为"四川盘子"。

四川盘子由湖北"碟子小曲"发展而来。关于"湖北碟子"来源的传说有很多。据老艺人说，从前，有一位财主要丫鬟每天给他送三道茶，有一次丫鬟不慎把装茶的瓷盘摔破，被撵出了门。为了生存，丫鬟便带着一个破碟子和一双竹筷沿街乞讨。她一边用筷子敲打破

碟子,一边用充满悲情的歌声向人们倾诉,引起了人们的同情。后来,穷苦人在乞讨时也效仿丫鬟的做法,带一个碟子、一双竹筷,沿街卖唱,渐渐地形成了"碟子小曲"。

从湖北"碟子小曲"到"四川盘子",经历了一个漫长的过程。湖北的"碟子小曲"先是传入巫山,而后传播至万州、涪陵等地。

重庆是长江上游地区的经济中心,水陆大码头,交通枢纽。曾经,朝天门码头附近的背街小巷、吊脚楼平民区,到处可见茶馆酒肆,南来北往的商贾、贩夫走卒、船运劳工等汇集于此。来到重庆的各路艺人也聚集于此,在此谋求生路。

湖北"碟子小曲"在不知不觉间发生了变化,渐渐地演变为"四川盘子"。追溯起来,四川盘子的形成,是一百多年前的事。四川盘子从重庆传播到成都等地,可以追溯到20世纪60年代初。

原生民歌和盘子这两种艺术的差异也是很明显的。笔者认为,原生民歌是劳动人民在山野、田间、牧场等进行劳动生产时为了抒发思想感情而即兴创作的产物。其随意性强,口头流传。大部分原生民歌的作者都难以考证。而四川盘子是由专职或兼职民间艺人演唱的,其突出的艺术特征是有表演道具,如瓷盘、竹筷等,击节而唱。四川盘子的演唱曲目多有文字版本。四川盘子有音乐伴奏,早期还有人拉二胡、四胡,弹琵琶伴奏。

简而言之,原生民歌常常对着大自然宣泄,不排斥共鸣;四川盘子则是对着人唱,追求共鸣。原生民歌不是谋生手段,而四川盘子是。原生民歌和四川盘子虽为两种不同的艺术形态,但都是中华民族民间音乐宝库中的重要内容。

二、四川盘子从原生民歌中汲取营养

原生民歌是中国民间艺术百花园中的一朵奇葩。原生民歌有着丰富多彩的内容,是四川盘子和其他艺术形式取之不尽、用之不完的宝库。

根据体裁划分,原生民歌大致可分为山歌、劳动号子、小调等类型。由于自然及人文环境的差异,不同地方的原生民歌特色不同。

以重庆原生民歌为例。重庆山多,山歌多冠之当地山名,特殊的地理环境造就了重庆山歌高亢有力、真挚热烈、欢快热情的地域特征。劳动号子为劳动人民在劳作中所创作的民歌,类型丰富。重庆有着得天独厚的水资源,这也孕育了独具特色的"江河民歌",以"川江号子"最具代表性。重庆原生民歌中的小调曲目丰富,曲式多样,含蓄而多情,柔美而娇媚。

中国曲艺有着强大的生命力,擅长从其他姊妹艺术中吸收营养。例如,肖腊秀(湖北天门人)所演唱的曲目多源于原生民歌小调。据《中国曲艺音乐集成·湖北卷》记载,肖腊秀掌握的民歌小调、民间歌谣有100多首,其中最受观众喜爱的有《姐望郎》《九连环》《凤阳歌》等。这些碟子小曲的曲牌都是从民歌小调中吸收、借鉴而来,只是在表演形态上,加入了敲击盘子花点技法,配合演唱,自成一派。青年时代的肖腊秀在重庆朝天门码头表演,红极一时,重庆一些本土艺人也曾向她请教学习。

跟湖北碟子小曲一样,吸收、借鉴、转化民歌小调,最后衍生为新的艺术形式,也是四川盘子的重要发展过程。四川盘子不断汲取原生民歌的营养,充实自己,发展自己,壮大自己。

四川盘子曲目中有不少源于原生民歌小调。就笔者学过、唱过的四川盘子来看,与民歌小调关系密切的有200个左右(其中传统曲目大概有100个)。

四川盘子为原生民歌注入了不同的艺术元素,进而产生了不同的艺术效果,形成了不同的艺术风格。这种变化实际上就是原生民歌的创造性转化。

三、重庆原生民歌中的衬词在四川盘子演唱中的作用

衬词是原生民歌中不可缺少的部分,起到了抒发感情的作用,是体现原生民歌特色的重要标志。演唱原生民歌时,要想强调某种语言,凸显某种感情,就要使用衬词。

衬词在刻画音乐形象方面能产生意想不到的效果。衬词在歌曲中的分量虽不多,但作用可不小。在原生民歌中加入衬词,就犹如豆浆点了卤水变成豆腐一样。

重庆原生民歌中的衬词有感叹词、语气助词、特色衬词等。其中,常用的感叹词、语气助词有哦、啰、哟、嗬、哎、外、来、嗨、哪、呀、哇、嘛、呃、嘞、嘿、喂等。此外,还有一些特色衬词,如称谓、花名、乐器音响、民间传说等等。

这些衬词在一些四川盘子曲目中也出现过。正是有了这些衬词,四川盘子才有了个性。四川盘子的词曲结构多姿多彩,也正是因为衬词丰富多彩。

随着时代发展,人们对艺术有了更高的要求,四川盘子也在不断创新突破,曲艺家们也在不断尝试编创能体现时代精神的四川盘子曲目。

笔者认为,在编创过程中,无论运用什么手法,来自原生民歌的衬词是不能少的,最好也不要随意变动衬词。缺乏"衬词",便缺少了"原味"。没有衬词的民歌,不能称为原生民歌;新编创的四川盘子如果没有衬词,也不能视其为成功的编创。

四、民歌《太阳出来喜洋洋》演变为四川盘子之实例

《太阳出来喜洋洋》是人民群众熟悉且喜爱的重庆原生民歌,其来源于石柱等地流行的啰儿调。如今广为传唱的版本,是经金鼓先生填词,由多人共同努力改创而来的。

这首民歌被纳入我国多个版本的中小学生音乐教材,被列入我国声乐考级(民族唱法)曲目,于2007年被联合国教科文组织评为"世界经典民歌"。

这首民歌不仅深受民众喜爱,也被各种艺术形式所借鉴。如重庆万州熊家中心小学将这首民歌纳入四川盘子的表演中,在保持其原有艺术风格的基础上,对内容的表现形态进行了创新,收到较好的艺术效果。

2007年,重庆万州熊家中心小学体育广场,1000多名师生左手拿瓷盘,右手捏竹筷,在课间操时间集体表演四川盘子《太阳出来喜洋洋》。台上,老师用盘子打着节奏,带领学生们唱起"太阳出来啰喂,喜洋洋啰啷啰",同时敲响盘子(上举左手翻盘子打4拍);又唱"挑起扁担啷啷扯,哐扯",同时敲盘子(下放左手翻盘子打4拍);唱"上山岗啰,啷啰",同时敲盘子(塌腰向下打4拍)……千人敲响盘子唱民歌的场面无比壮观,清脆的敲盘声响彻四方。

重庆市三峡曲艺保护传承中心把熊家中心小学定为曲艺传承培训基地,并制定了一套培训计划,还设计了一套"试用校本教材"。将原生民歌与四川盘子这两种艺术形式相结合,让其走进校园,这是一种将学校教育与非物质文化遗产宣传和发展结合的创新路径,具有多重意义。这一创新也受到了社会各界的好评。

表1 四川盘子《太阳出来喜洋洋》(片段)

乐段	流时/秒	本节时长/秒	歌词及对应动作
第一节	17	17	过门(鼓点),学生准备
第二节	30	13	太阳出来啰喂,喜洋洋啰啷啰(上举左手翻盘子打4拍)
			挑起扁担啷啷扯,哐扯(下放左手翻盘子打4拍)
			上山岗啰,啷啰(塌腰向下打4拍)
第三节	46	16	手里拿把啰喂(放慢,女生下蹲扫盘子4下)
			开山斧啰啷啰(女生直立,男生下蹲扫盘子4下)
			不怕虎豹啷啷扯,哐扯(全体站立,快扫盘子6下)
			和豺狼啰啷啰(打特色动作8拍)

注:重庆万州熊家中心小学制作。

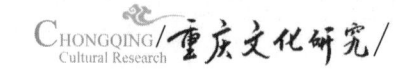

五、"一曲泛用"和"曲名共用"的现实意义

20世纪80年代,各种风格、体裁的原生民歌,迸发出前所未有的蓬勃生机。原生民歌在获得发展的同时,也成为众多艺术汲取灵感、获得营养的来源。这种"寻根"的努力,成为创作"旧中有新,新中有根"的共同追求。笔者仅从"一曲泛用"以及"曲名共用"这两个现象来探讨原生民歌与四川盘子等其他艺术形式之间的"源""流"关系。

(一)"一曲泛用"

我们以原生民歌《采花》为例,讨论一下"一曲泛用"。原生民歌《采花》流行于四川九寨沟,是南坪曲子的代表曲目。南坪曲子又称"南坪小调""琵琶弹唱",入选国家级非物质文化遗产代表性项目名录,用当地汉语方言演唱,表演时基本采用弹唱的形式,主要以南坪琵琶伴奏,也常配以瓷碟、碰铃等打击乐器。

南坪曲子按其曲调结构和演唱风格可分为"花曲子"和"背工曲子"两部分。其中,"花曲子"主要是短小精练的抒情性民歌,"背工曲子"主要是演唱短、中篇故事的叙事性民歌。《采花》是南坪曲子中"花曲子"的代表性作品之一。

《采花》这首民歌曾风靡全国,东方歌舞团曾把它作为出国保留节目。《采花》不仅在全国流传,还被各种艺术门类广泛借鉴、改造编排。比如,四川的专业曲艺团队将其编创为双人盘子演唱、多人群盘表演唱等。又如,四川省曲艺研究院创作演出的四川盘子《心如莲》《柠檬颂》,都将《采花》主旋律作为"骨干音"。再如,《采花》在重庆市开展的群众文艺活动中被广泛运用。

南坪小曲《采花》为什么会受到广大群众的热爱?笔者认为,这是因为《采花》具有独特的艺术特质——音乐节奏鲜明,旋律简明悦耳。《采花》的歌词以人们熟悉的四季盛开的鲜花状景喻人,抒发了向美向上的思想感情,表达了劳动人民的美好愿望和理想。

(二)"曲名共用"

我们再谈谈原生民歌和四川盘子等其他艺术形式"曲名共用"的现象。笔者是"科班出身",也算是"曲艺匠人",从学艺开始就对四川盘子、四川清音等曲艺中的曲目与原生民歌小调曲目相同这一现象产生了疑问。比如,四川清音《绣荷包》与民歌小调《绣荷包》。两者主题相同,均通过展现女子在绣荷包时的心理变化,表达女子对男子的情思;但两者的词曲以及表现方式则表现出差异性。

我国其他地方的原生民歌也有"曲名共用"的现象,如云南、山西、四川、湖北等地,均有原生民歌《绣荷包》。其内容大同小异,都是描写女子绣荷包时的心理变化,抒发女子的情感,表达女子对男子的眷念之情。比如,云南民歌《绣荷包》的唱词:"小小荷包双丝双带飘,妹绣荷包(嘛)挂在郎腰。小是小情哥,等是等待着,不等情郎(嘛)要等哪一个……"又如,四川清音《绣荷包》的唱词:"初一对十五(呵哈哈),十五的月儿高(呵哈哈),香风儿吹动杨柳梢(哈哈)。年年郎在外,月月不归来,丢小妹常挂心怀。三月桃花开,情郎哥带信来,情郎哥带信要个荷包袋呀(哈哈)……"

笔者认为,对于"曲名共用"这种现象,最好的解释就是"人同此心,心同此理"。也就是说,"思念某人和被人思念都是一种幸福"。中国式的情感用中国式的方式来表达,便产生了原生民歌及其他艺术种类这种"曲名共用"的现象。

(三)由"一曲泛用"和"曲名共用"所引发的一些思考

"一曲泛用"和"曲名共用"现象,实际上也体现了其他艺术种类对于原生民歌的借鉴与吸纳。它们是原生民歌向四川盘子等其他艺术形式创新性转化的重要体现。原生民歌艺术资源丰富灿烂,是其他艺术种类取之不尽的源泉。许多歌唱艺术作品都带有原生民歌的"胎记",其体现在音乐主题、唱词结构等各个方面。

比如,四川盘子《三个媳妇争婆婆》在音乐(唱腔)设计上就吸收了民歌小调《薅黄瓜》《绣荷包》《青杠叶》《妈妈好糊涂》等的元素,形成了"连缀体"音乐结构。《三个媳妇争婆婆》于1982年获全国南方片区曲艺调演一等奖,在重庆市专业曲艺舞台和群众业余舞台上演了6000余场次,观众达百万余人次。可以说,《三个媳妇争婆婆》是原生民歌创新性转化为四川盘子的成功典范。

这种转化,在原生民歌与戏曲中也有。比如,重庆市川剧院根据曹禺话剧《原野》所创编的现代川剧《金子》取得了巨大成功,荣获了多项国家奖项。该剧的音乐唱腔以川剧高腔为主导,吸收了川渝地区的原生民歌要素,对川剧曲牌旋律加以改变,形成了独具特色的艺术效果。其中,最典型是以民歌《槐花几时开》为主题,使唱腔既符合人物的音乐形象,又贴近《原野》特定的时代特点和地理环境。原生民歌和川剧高腔的结合,在听觉上给观众留下了美妙的感受。[①]

[①] 本段文字源自笔者2016年在湖北省潜江市参加曹禺话剧作品《原野》研究会的论文——《从话剧〈原野〉到川剧〈金子〉的成功嬗变——缅怀德艺双馨戏剧作家隆学义》。

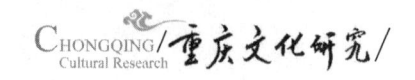

六、结束语

原生民歌是四川盘子创新性发展的重要源泉,四川盘子是原生民歌创新性发展的丰硕成果。

求新求变,与时俱进,是艺术永恒的追求。

中国原生民歌资源的创造性发展

熊胜桃(重庆市南川区文化馆)

一、引言

中国原生民歌有上千年的悠久历史。它是中国各族人民在生产生活实践中创造的并在民间广泛流传的音乐形式,是各族人民智慧的结晶,是各个历史时期人民生活的生动写照。同时,它也是中华民族口头和非物质文化遗产的重要组成部分,是中华民族的文化艺术瑰宝,是中华优秀传统文化的重要载体。

中国原生民歌保留了中国音乐文化的传统,是传统音乐文化的传承。

中国原生民歌产生于民间,由民众口头创作,并在田野乡间长期流传。它在流传过程中得到不断发展,歌词越来越简练,曲调越来越生动,内容越来越丰富,成为具有很高艺术价值和典型地域特色的文化精品。

经过长时间的发展,中国原生民歌成为一种高度概括的音乐模式,体现了人民大众的审美和情趣。中国原生民歌的音乐语言,就如同我们的日常语言一样,非常灵活且极具表现力。

根据体裁来划分,中国原生民歌大致可以分为号子、山歌、小调三大类。

号子是产生并应用于劳动之中,为调节劳动情绪,统一用力、呼吸和劳动节奏,以及缓解劳动疲劳的民歌。它节奏鲜明、音调豪迈、律动感强,与劳动有着紧密的联系。集体性的号子一般为一人领唱、众人合唱的形式。

山歌是产生在野外劳动和生活的民歌。其曲调高亢嘹亮、节奏自由悠长,具有直接而自由抒发感情的特点。

小调又称"小曲""俚曲""时调"等,是人们在劳动之余、日常生活中以及婚丧节庆时用于抒发情怀、娱乐消遣的民歌。相对而言,小调流传面较广,其内容涉及生活的方方面面。其形式规整,情感表达细腻,表现手法丰富多样。

二、继承和发扬中国原生民歌文化的重要性

中国原生民歌是中国传统文化和悠久文明的重要组成部分,继承和发扬中国原生民歌,是我们现代人,尤其是文化工作者必须做的工作和义不容辞的责任。

(一)中国原生民歌文化源远流长

不同时期的原生民歌文化反映了不同时期人们的心理状态和生活方式。

《诗经·国风》被视为我国古代最早的民歌选集。西汉时期,汉武帝设立了一个音乐管理机构——乐府,其职能之一便是搜集和整理民歌,并为之配乐。搜集、整理出来的民歌,后世称其为"乐府诗"或"乐府"。到了唐宋,民歌创作更为兴盛。进入明清时期,中国的封建制度达到顶峰,阶级矛盾和民族矛盾日益尖锐,一大批具有民主性和进步性的民歌随之产生。

作为历史记录手段之一,民歌不仅描绘了中国人民反帝反封建的壮丽史诗,也充满了新的活力。

(二)中国原生民歌发展面临尴尬局面

随着社会生产的发展和城市化的推进,越来越多原本生活在乡村的人流向城市,其生活方式也随之改变,这使得原生民歌失去了其生存与发展的环境,原生民歌的传承者也越来越少。

如今,流行音乐盛行,其以多样的曲风、易懂易唱的歌词俘获了众多听众。高度商业化的流行音乐给包括原生民歌在内的传统音乐带来了很大的冲击,进一步挤占了原生民歌的生存空间,这是原生民歌的受众越来越少的原因之一。

因此,我们需要通过各种渠道、多种方式,保护民族音乐,传承中国原生民歌,发扬原生民歌文化。

(三)中国原生民歌推动中华文化和谐发展

中华民族五千年文明历史孕育出中国优秀传统文化。独特的文化传统、独特的文化基因、独特的文化道路,塑造了中华民族独特的精神品格。

《中共中央关于制定国民经济和社会发展第十四个五年规划和二〇三五年远景目标的建议》提出:繁荣发展文化事业和文化产业,提高国家文化软实力。这种文化共识和文化责任已经成为时代潮流。

中国原生民歌是群众在长时间的生产劳动中所创造的文化内容,其蕴含了劳动人民的

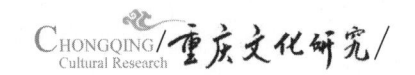

智慧，抒发了人们的情感。中国原生民歌所体现的"以和为贵""天人合一""和而不同"的道德伦理和审美观念在和谐社会构建中具有重要的作用。挖掘中国原生民歌所蕴含的价值，传承和弘扬中国原生民歌文化，对于推动"十四五"时期文化事业和文化产业繁荣发展、满足人民群众日益增长的精神文化需求、提升国家文化软实力具有重要意义。

三、中国原生民歌的现代传承与发展探析

文化是一个国家、一个民族的灵魂。

中国原生民歌源远流长，形式多样，内容丰富，是中华文化的重要组成部分。尊重保护和继承发扬中国原生民歌，我们可以有以下思路：

（一）尊重历史，保持传统

保护和传承原生民歌，首先就要尊重其历史，保持其传统。

现以重庆市南川区大有镇的大有民歌为例。大有镇历史悠久，民歌盛行。大有民歌主要有劳动号子、小调、喜丧歌曲、风俗歌曲等主要形式。其中，薅秧歌、打场歌、石工号子、吆鸭号子等较有典型性。大有民歌短小精悍、诙谐活泼、形象鲜明，充分体现了大有地区的民间文化特色。

大有民歌具有多方面特征：

一是有对自然规律的总结。如《太阳歌》，以低沉的调子，唱出了人们对气候变化规律的认识。

二是有优美的意境。如《梧桐树》，歌词描绘了鸟语花香、鸡鸣犬吠、炊烟缭绕的乡村生活画面。

三是有浓浓的乡情和乡愁。如《回娘家》，蕴藏着对亲人和故乡的深深眷念之情。

四是有浓郁的地方特色。如《油茶情歌》，体现了大有的地方特色美食。

尊重历史、保持传统，并不是要求一成不变。我们要在全面了解和调查大有民歌的基础上，邀请民间老歌手和相关非遗项目的传承人，与音乐界的词、曲作家们进行深入交流，实现"土""洋"结合。"土"是内核，是历史传统的延续；"洋"则是表现形式，是时代发展的客观需求。

挖掘出"深山的宝贝"，为其穿上人民群众喜闻乐见的"时代潮衣"，让悠久的历史回声在今天轰响，让文化的传统血脉得以赓续。

(二)与旅结合,多元发展

随着中国经济社会不断发展,人民的生活水平也不断提高。旅游不再是人们"酒足饭饱"后的"奢侈"消费,而是大众感受美好生活、丰富精神文化的重要途径之一。

将原生民歌与旅游发展结合,既是促进旅游业发展的重要途径,也是推广原生民歌的有效方式,还能确保原生民歌得到基本保护和发展。将原生民歌融入旅游产业,使游客在游览过程中接触并欣赏旅游地的原生民歌,这样不仅能丰富游客的旅游体验,使人们感受到原生民歌的魅力,而且能宣传原生民歌,扩大原生民歌受众群体的覆盖面。

打闹歌是一种流传于民间的山歌,在从事薅草劳动时所唱,通常由锣鼓伴奏。在金佛山地区流传的"金佛山打闹"就是一种打闹歌。它是金佛山地区的劳动人民在薅草、薅秧时演唱的歌曲,因而又被称为"薅草打闹歌"。

在20世纪五六十年代,金佛山一带每村每社都有打闹歌手。每逢薅草季节,各村各社在田间地头你方唱罢我方登场,歌声此起彼伏,交相呼应,蔚为壮观。

后来,老百姓在生活和民俗活动中也会敲锣打鼓,演唱打闹歌,其形式和内容也更加丰富。

金佛山打闹的内容及形式都十分丰富,既有用幽默语言表现男女青年互诉情思的内容,也有对风调雨顺、家庭圆满的祈盼,还有表现新婚女子不舍父母的"哭嫁"(现属重庆市南川区区级非物质文化遗产),等等。

近年来,南川凭借区位条件优越、生态环境优良、旅游资源优厚等"三优禀赋",经济得到了快速发展,引进和发展了多项优良旅游项目,推动了旅游业的快速发展。这为"金佛山打闹"等提供了传承与创新发展的土壤。

当地政府可投入一定的资金,积极挖掘相关资源,将"金佛山打闹"等具有地方特色的非遗项目与旅游项目结合起来,鼓励原生民歌活动的发展。例如,开展原生民歌文化节活动,吸引游客前来旅游,使游客能够欣赏当地原生民歌的魅力。让更多的当地人参与原生民歌表演活动,不仅能促进原生民歌的传承和发展,也可以创造经济价值,提高当地人的生活质量。

(三)以"媒"为介,"联姻"发展

2003年11月,著名音乐人谭盾在湘西凤凰举办了一场大型实地景观多媒体音乐《地图》。该作品充分保留了湘西的"原生态"音乐元素。

2006年4月，CCTV"隆力奇杯"第十二届青年歌手电视大奖赛首次将"原生态"唱法加入了唱法分类中。

不仅是音乐，在舞蹈艺术方面，杨丽萍领衔并担任总编导的大型原生态歌舞集《云南映象》也将"原生态"作为创作的中心。

"原生态"在各大媒体上频频亮相，不仅成为媒体的焦点，也成为社会的"热点"。我们应趁着这股"东风"，继续与媒体"联姻"，将原生民歌推向更宽、更大的舞台。

就拿"金佛山打闹"来说，它是从田间"长"出来的民间音乐文化。早在1956年，金山镇创作的"金佛山打闹"民歌剧《遍地开花朵朵红》就获得了四川省的一等奖。尤其可喜的是，在一大批有远见卓识的人士的支持下，"金佛山打闹"已被编入金山等镇的小学音乐课，几近失传的"金佛山打闹"在青少年一代得以传承。这些都为"金佛山打闹"的兴起和发展，以及"金佛山打闹"与媒体"联姻"，积累了文化基础。

而今，互联网技术发展迅速，传统媒体和新兴媒体优势互补、一体发展持续深入。在此背景下，网络媒体的传播优势进一步凸显。除了借助传统媒体，还可借助短视频、直播等群众喜闻乐见的形式，传播原生民歌文化，提升民歌文化的知名度和影响力。

四、结束语

中国原生民歌是中国人的艺术表达选择，是中国人的独特创造。随着社会环境的变化，中国原生民歌遭到冲击，陷入传承困境。为了保护和传承中国原生民歌，使原生民歌焕发新的生命力，有不少人对中国原生民歌的传承和发展做出了许多有益的尝试和探索，也取得了不少实践经验。专家学者们纷纷提出了保护原生民歌的重要性，并就原生民歌的传承与发展提出了科学的举措。各大音乐院校也开设了相关的课程，以培养有志于中国原生民歌传承与保护的专业人士。

随着文化交流日益频繁，人们的文化视野不断扩大，审美需求和欣赏水平不断提升。在此背景下，中国原生民歌在演唱方法、创作手法、审美表现等方面也应与时俱进，展现现代形象，顺应审美潮流，体现时代精神。这是中国原生民歌走向全国乃至世界的必由之路。

无论中国原生民歌的形式如何变化，中国原生民歌的发展都不能脱离原生民歌的本质，只有这样才能让原生民歌持续发挥其价值，为传统音乐的发展提供源头支撑。

中国原生民歌的传承与发展，不仅是民族文化传承与发展的要求，更是世界文化传承与发展的需要。

在新时代背景下，让中国原生民歌登上世界的舞台，进一步体现中国原生民歌文化的魅力，是我们共同的使命和责任。

回顾中国原生民歌的历史，展望中国原生民歌的未来。我们相信，中国原生民歌不会消亡。

回望"重庆文化体系"的来路
——对"重庆文化体系"的学术史研究

周勇
（重庆史研究会）

【摘要】本文是作者对其提出的"重庆文化体系"的综合性、系统性学术论文。本文以史家的立场和亲历者的视角，回溯了新中国成立70多年来，重庆历史学界对"重庆文化"的持续探索，尤其是重庆直辖以后开始构建重庆文化体系的历史进程，着重论述了党的十九大后，提出和推动"重庆文化体系"初步形成的经过。本文以清晰的历史脉络，确凿的历史资料，强烈的现实创造，完整准确地展现了在党的领导下，重庆史学界在深厚历史研究的基础上，持续不断地探求对重庆文化的认识，形成了重庆文化体系的系统性框架。2017年以来，重庆市委以高度的文化自觉与文化自信，努力把习近平总书记的殷殷嘱托全面落实在重庆大地上，以巨大努力，继续探索、挖掘、保护和传承重庆历史文化，在重庆文化体系建构上取得了突破性的进展，最终形成了"重庆文化体系"。

【关键词】重庆；文化体系；学术史；人文丛书

【基金项目】重庆市社会科学规划特别委托重大项目"重庆革命文化研究"（2022TBWT-ZD22）

《行千里·致广大——重庆人文丛书》（以下简称《重庆人文丛书》）出版了。读者能够从这套大书中直观、形象地观察重庆文化，认识重庆文化，理解重庆文化，进而把握重庆文化体系。

作为主持其事的一分子，笔者深感"重庆文化体系"走过了一条艰辛探索之路，这是一笔宝贵的文化财富。

习近平总书记曾指出,"历史是一面镜子,鉴古知今,学史明智。重视历史、研究历史、借鉴历史是中华民族5000多年文明史的一个优良传统""历史研究是一切社会科学的基础"。①这是因为历史学的任务是为人类社会、国家民族指引前进方向,而史学史则是为本门学科指引发展方向的学科。

近年来,笔者持续不断地努力研究重庆文化,建构重庆文化体系。社会各界人士曾与笔者探讨过这个体系及其由来。集中起来就是:什么是重庆文化,什么是重庆文化体系,重庆文化体系是怎么来的,如何表述重庆文化体系,如何把握重庆文化体系,等等。

如今,《重庆人文丛书》出版了,这是一套集中展示重庆文化体系的代表性丛书。有了这个实体,笔者便有可能通过回望探索之路,把自己参与探索的艰难历史整理出来,记录下来,回答各方关切。

本文是对"重庆文化体系"的学术史研究,既是对来路的回望,更是对前路的思考,以期助力中国文化繁荣昌盛之路。

一、重庆历史学界对"重庆文化"的持续探索(1951—1997年)

(一)"巴蜀文化"是重庆和四川文化的共同渊源

自古以来,重庆和成都就是中国西部两座地位显赫、风格各异、作用同样巨大的城市。

今天的重庆和今天的成都,在地理上是有很大不同的。成都平原,得四川盆地之精华,沃野千里,温润清凉,是"天府之国"。重庆地处四川盆地东部边缘,沟壑纵横,大山大水,云遮雾障,是"江山之城"。

由于地理原因,自古以来,重庆与成都就是两个行政单元,一个是巴国,一个是蜀国。公元前3世纪,秦在统一中国的进程中,先后消灭了"巴国"和"蜀国",分设为"巴郡"与"蜀郡"。同样,不同的地理环境也导致了不同的文化形态,一个是以成都为中心的蜀文化,一个是以重庆为中心的巴文化。历史的演进,推动了巴与蜀文化、行政的融合,进而形成了"巴蜀文化",共同养育了今天的重庆与四川,也维系着重庆人与四川人的内心情感与精神世界。

需要指出的是,作为一个历史和文化概念的"巴蜀文化",提出的时间并不长。抗日战争时期,郭沫若、徐中舒、顾颉刚、卫聚贤等在四川,共同研究曾经的巴国和蜀国文化。在此

---

① 《习近平致中国社会科学院中国历史研究院成立的贺信》,《新华每日电讯》,2019年1月4日。

基础上,历史考古学术界以严肃、科学的精神和态度,通过学术研究的方式提出了"巴蜀文化"的概念[①]。

(二)重庆历史学界在探讨区域文化的过程中提出了"巴渝文化"

若干相关文化概念的提出,是在对"重庆历史"的基础性研究和文物的考古发掘的基础上开始的。只有研究基础扎实了,考古文物丰富了,才有可能从中提炼出"文化"来。没有对重庆历史的深入研究,重庆文化便是无本之木,无源之水。因此,重庆历史学界始终是重庆历史文化研究的主力军。

新中国成立后,1951年,重庆成立了西南博物院,由著名历史学家徐中舒先生任院长,随后多年持续开展了以重庆为中心的巴渝地区的历史研究和考古发掘。重庆学者在研究重庆地域文化的过程中,开始研究重庆的文化。20世纪70年代末,重庆历史和文化事业开始走上正轨。

这一时期,重庆历史学界以1977年成立的重庆市政协文史资料研究委员会为基础,开展了重庆地方历史的基础性资料搜集和研究工作。进而成立了重庆地方史资料组(1980年)、重庆现代革命史资料组(1980年)、重庆市地方志办公室(1985年),分别开展重庆地方史、革命史、地方志的资料整理和研究工作。

最先提出的文化概念是"巴渝文化"。因此,重庆文化体系的建构便是从提出和确立"巴渝文化"开始的。

1980年成立的重庆地方史资料组,与重庆市政协文史办合署办公,于1981年创办了《重庆地方史资料丛刊》(以下简称《丛刊》),开始刊印重庆地方历史研究的基础性成果。《丛刊》第一辑便请著名史学家、重庆市博物馆副馆长邓少琴等主编《重庆简史和沿革》一书。重庆市博物馆专家董其祥在其中撰写了《重庆地理沿革简志》一文,率先提出了"巴渝文化"概念。他认为:"由巴族政治经济活动的地域考察,可知他们来到川东以后,以长江和嘉陵江两岸为活动范围,与当地土著民族濮、賨、苴、共、卢、獽、夷、蜑等杂居共处,吸收融合了土著文化(新石器时代的文化)而加以发展,创造具有地方民族特点的巴渝文化。"[②]董先生是在研究巴族历史的进程中,尤其是他们来到川东地区以后所创造的具有地方民族特点的文化形态时,提出"巴渝文化"的。这是"巴渝文化"这一学术命题第一次被提出。

---
①黎小龙:《"巴蜀文化""巴渝文化"概念及其基本内涵的形成与嬗变》,《西南大学学报》(社会科学版),2017年第5期。
②董其祥:《重庆地理沿革简志》,见邓少琴等:《重庆简史和沿革》,1981年,第21页。

此时期,中共重庆市委党史研究室、重庆市政协文史资料委员会、红岩革命纪念馆编成《重庆谈判纪实》。[①]1983年底,由邓颖超同志提出,重庆市政协牵头的"国民参政会"史料的搜集和整理工作启动。之后陆续开展了国民参政会、政治协商会议、抗战时期国共合作等历史资料的搜集整理和初步研究工作,由此拉开了重庆研究抗战历史的大幕。[②]

重庆现代革命史资料组,后来逐渐发展成为重庆市委党史资料征集委员会办公室、重庆市委党史研究室,搜集整理重庆党史资料[③]、南方局党史资料[④]。

重庆市地方志办公室成立以后即开始组织第一轮地方志的编修,重庆地方历史资料因而得以全面展现,成果丰硕。

在1977—1988年重庆历史资料大规模搜集整理出版的基础上,重庆基础性历史著作的编写工作提上了日程。

1987年,重庆市地方史研究会启动了具有简史性质的重庆史著作《重庆 一个内陆城市的崛起》的编写工作。这部著作的特点在于第一次完整地梳理了从200万年前的巫山猿人时期到1952年的重庆历史上的政权更迭和经济演变。之后着手对重庆历史上的文化现象进行系统的梳理和研究。

最先取得明显进展的是"巴渝文化"。在"巴蜀文化""巴文化"学术研究内在发展与三峡文物抢救性保护双重因素的推动下,"巴渝文化"呼之欲出。1989年,重庆市博物馆提出,以"巴渝文化"作为重庆文化的基本概念,并以此命名馆刊[⑤]。这标志着重庆文博学界对"巴渝文化"取得了初步共识。

1990年,在重庆历史学界的推动下,经中共四川省委同意,四川省哲学社会科学规划工作领导小组批准,决定立项启动"重庆通史"研究。这一研究的最大特色是,在历史内容的选择和发掘上,努力改变通史侧重政治斗争史的倾向,始终以重庆的经济与社会发展作为研究的着眼点,始终注重发掘政治斗争背后的经济、社会与文化因素。正是在这种努力下,产生了反映重庆本土化特征的三条互动发展的历史线索。一是政治发展的历史,即古代历史上统治阶级为夺取政权、巩固政权而开展的争斗,和劳动人民反对统治阶级的斗争;近代

---

① 《重庆谈判纪实》,重庆出版社,1983年。
② 《国民参政会纪实》(上、下卷),重庆出版社,1985年;《国民参政会纪实》(续编),重庆出版社,1987年;《政治协商会议纪实》(上、下卷),重庆出版社,1989年;《抗战时期国共合作纪实》(上、下卷),重庆出版社,1992年。
③ 《重庆党史资料丛书》共18种,从1981年起陆续内部印行。
④ 《南方局党史资料丛书》共6卷,重庆出版社于1985—1990年出版。
⑤ 《巴渝文化》(第一辑),重庆出版社于1989年出版。在1989—1999年十年中,共出版了四辑,对"巴渝文化"进行了系统的探讨,取得了重要成果。

以来,帝国主义与中华民族的矛盾和斗争,封建主义、官僚资本主义与中国人民的矛盾和斗争,特别是重庆人民为建立民族独立、国家富强、人民民主的新中国而进行的旧民主主义革命和新民主主义革命。二是经济发展的历史,即重庆由一个川东地区的军政中心,逐步演变为四川、西南、长江上游的中心城市,以及在抗日战争时期成为中国大后方的中心城市,特别是作为经济中心的形成演变历程。三是文化发展的历史,即重庆作为内陆中心城市的文化源流,研究古代巴渝文化、近代中西文化冲突、现代抗战时期大后方文化中心的各自形态、相互联系,以及文化与经济进程、政治发展的关系。[①]这一研究历时12年,2002年出版了三卷本《重庆通史》,为研究"巴渝文化""抗战文化""革命文化"奠定了坚实的学术基础。

在此之后,相关研究继续发展与深入。其中一个重要的观点是,"巴渝文化"是从属于"巴蜀文化"的,是"巴蜀文化"的重要组成部分。尤其厘清了"巴文化""蜀文化""巴蜀文化""巴渝文化"这些概念之间的关系。从文化发展进程看,"巴文化"(以古代巴族和巴国为内容的文化形态)、"蜀文化"(以古代蜀国蜀郡为内容的文化形态)是"巴蜀文化"的两个源头。在此基础上形成的"巴蜀文化"是四川文化的根(以古代重庆为中心的巴与以成都为中心的蜀,这是一个整体)。从文化内涵看,"巴渝文化"是以重庆为中心的原四川盆地东部地区的文化,其内涵不仅限于古代巴国、巴族、巴郡的历史文化,而且包括了从先秦到明清时期以重庆为中心的广大地区的历史文化。因此,"巴渝文化"比"巴文化"的概念更大。重庆应该有自己的文化,但不是与"巴蜀文化"并驾齐驱的文化,而是从属于"巴蜀文化"的"巴渝文化"。[②]

二、重庆直辖以后开始构建重庆文化体系(1997—2017年)

(一)1997年重庆市第一次党代会开始成体系地建构重庆文化

1996年7月,中央关于重庆直辖的决策传达以后,直辖筹备工作全面展开。其中一项重要工作就是为重庆直辖市制定《重庆市国民经济和社会发展第九个五年计划和2010年远景目标纲要》。关于重庆文化及其体系构建的议题提上了日程。

当时,个别全国政协委员对重庆能否成为直辖市心存疑虑,认为重庆并不具备同其他三个直辖市一样的文化和科技条件。这些疑虑对官方决策产生了影响,以至于在是否确定

[①] 周勇:《出版说明》,见周勇主编:《重庆通史(第一卷)》,重庆出版社,2002年。
[②] 周勇:《共赢 包容 理性——在首届川渝文化合作论坛上的主题演讲》,《首届川渝文化合作论坛——沟通与共赢》,大众文艺出版社,2007年。

将重庆建设成为"文化中心"的目标上都发生了很大的争论。

为此,重庆学界展开了热烈的讨论,向重庆市委、市政府建言献策。这些意见集中起来有:

①重庆具有作为文化中心的丰厚文化底蕴。因为重庆是一座有3000多年历史、灿烂文化和光荣革命传统的城市。

②重庆是"巴渝文化"的发祥地。"巴渝文化"是以重庆为中心的川东地区的文化,其内涵不仅限于古代巴国和巴族的历史文化,而且包括了从先秦到明清时期的历史文化。它是巴蜀文化的重要组成部分。[①]

③近代以来,重庆在中国西部率先走上近代化的历程。在近代重庆的崛起中,以近代西方文化为代表的"西学"之"东渐",和在中西文化冲突中形成的近代"海派"文化之"西进",与重庆土著的传统文化相互激荡,产生了内陆城市文化,重庆继续扮演着文化中心的作用。这不仅推动了中国内陆经济的发展,还给以豪放和阳刚之气为特征的巴渝文化,带来了更多的理性、理智和现代色彩,从而造就了现代的重庆人,使重庆人在相当长的一个时期里,引领着中国西部的思想潮流。与此同时,马克思主义的启蒙,新文化的传播,资本主义经济的发展,无产阶级的产生,使重庆成为巴渝地区、四川省,乃至中国西部的革命运动中心。

④到抗战时期,以"大后方抗战文化"的兴起为标志,重庆的教育、科技、新闻、出版、社会科学、文学、艺术等都达到了前所未有的高度,成为中国大后方的文化中心。特别是以周恩来为首的中共中央南方局在团结、领导重庆人民同反动势力展开不屈不挠的斗争中,培育、形成了"红岩精神"。"红岩精神"既是对我们党优良传统与作风的继承和发扬,又植根于中华民族不屈不挠的民族精神的沃土,植根于几千年来重庆人民身上所凝聚的优秀文化和传统美德,是我们中华民族宝贵的精神财富。[②]

⑤重庆直辖市文化事业应以建成"长江上游文化中心"为目标。其实质是"与重庆直辖市地位相称的,与长江上游经济中心相适应的文化中心";其基本内涵包括教育、卫生、体育、广播、电视、新闻、出版、社会科学、文学、艺术等内容的"大文化"。

重庆市委在广泛听取各方意见的基础上,在1997年5月召开的第一次党代会上提出:"文化是城市文明程度的重要标志。文化建设要坚持为人民服务、为社会主义服务的方向

---

① 周勇:《巴渝文化:重庆之根——关于"巴渝文化"与"巴渝地区"的几个问题》(1996年8月22日),《关于巴渝文化与巴渝地区的几个问题》。
② 周勇:《建设长江上游文化中心》,《重庆市跨世纪发展战略(下卷)》,重庆出版社,1997年。

和百花齐放、百家争鸣的方针，以建设同重庆经济中心地位相适应的区域性文化中心为目标，积极开发运用巴渝文化、大后方抗战文化、三峡文化和少数民族文化资源，丰富和发展当代重庆文化，努力构建文化新格局，把重庆建设成为区域性文化开发、传播、人才培养中心和新闻出版基地。"[1]

这是第一次明确提出了重庆文化建设的目标是"建设同重庆经济中心地位相适应的区域性文化中心"；第一次做出了"重庆文化"主要包括"巴渝文化、大后方抗战文化、三峡文化"的重要论断。这使得重庆文化有了一个初步的体系性表述。

(二)2002年重庆市第二次党代会提出重庆文化体系雏形

2002年召开的重庆市第二次党代会提出，要"着力培育体现时代精神、具有重庆特色的先进文化"[2]。随着直辖效应的持续显现，加快文化建设和发展，成为实施"文化兴市"战略，提升重庆综合实力和竞争力的客观要求。

2005年12月，重庆市委、市政府召开直辖后的第一次全市文化工作会议，全面总结直辖以来全市文化建设的主要成就和基本经验，认真研究部署当前和今后一个时期的文化工作，努力开创重庆文化建设和发展的新局面。会议提出，要全面加快文化建设与发展的步伐，为推进富民兴渝构建和谐重庆的伟大事业作出新的更大贡献，为"把重庆早日建成与长江上游经济中心相适应的文化中心"而努力奋斗。

这次会议对重庆文化的认识有一个突出特点，就是"重庆有着深厚的文化底蕴，巴渝文化源远流长"[3]，因而提出以"巴渝文化"为核心，建构重庆文化体系。时任市委书记黄镇东在讲话中指出："重庆是著名的历史文化名城，巴渝文化源远流长。丰富的三峡文化、移民文化、抗战文化、红岩文化具有鲜明的特质性、承传性和包容性，是中华文化谱系中独放异彩的华章。"要求"扎实开展巴渝文化研究(实施巴渝文化研究工程)"。他指出，系统研究巴渝文化的历史演进和当代发展，对于挖掘重庆历史文化底蕴，提升重庆历史文化地位，打造重庆历史文化品牌，指导重庆文化建设，推动重庆未来发展，具有重要意义。要求"今后五年，要以重庆古往今来的重要文化形态、文化事件、文化人物、文化成果、文物文献为重点，

---

[1] 张德邻：《负重自强　加快发展　为建设繁荣富裕文明进步的新重庆而奋斗——中国共产党重庆市第一次代表大会上的报告》(1997年5月27日)，《重庆日报》，1997年6月5日。
[2] 贺国强：《在"三个代表"重要思想指引下为富民兴渝、加快建设长江上游经济中心而奋斗——在中国共产党重庆市第二次代表大会上的报告》(2002年5月26日)，《重庆日报》，2002年6月1日。
[3] 《把重庆建设成与长江上游经济中心相适应的文化中心　全市文化工作会议召开》，《重庆日报》，2005年12月11日。

大力加强巴渝文化基本问题研究;以三峡文化、移民文化、抗战文化、红岩文化为重点,大力加强巴渝特色文化研究"。[①]这标志着重庆对重庆文化体系的认识有了重要进展,重庆文化体系已具雏形。

随后,重庆市委、市政府出台了《关于大力加强文化建设的意见》《关于进一步深化文化体制改革的若干意见》,制定了《重庆市文化发展"十一五"规划纲要》和《重庆市哲学社会科学"十一五"发展专项规划纲要》。《重庆市哲学社会科学"十一五"发展专项规划纲要》明确提出,要重点加强"重庆文化基本问题研究,通过巴渝文化、三峡文化、移民文化、抗战文化的研究,重点搞清楚重庆人文精神的丰富内涵和基本特征"。[②]在此背景下,文化建设开始呈现出欣欣向荣的景象。

(三)2007年中共重庆市第三届委员会对重庆文化体系的完善

中央决定重庆直辖的动因是为圆满完成三峡工程,尤其是为三峡移民工作提供行政制度保证。因此,重庆直辖市最直接、最艰巨的历史责任,就是完成好三峡百万移民的搬迁工作。重庆市委在贯彻中央决策,落实移民政策的同时,也从文化上为完成三峡百万移民提供了精神动力。

在这一背景下,对"移民文化"的研究成果,进入了服务决策的视野。2006年1月,时任重庆市委书记汪洋布置市委宣传部与重庆市地方史研究会《重庆通史》课题组,研究"湖广填四川"的历史经验。市委宣传部与重庆市地方史研究会《重庆通史》课题组参阅学界成果,编成《"湖广填四川"资料汇编》,提交研究报告。该研究报告分析了明末清初四川人口陡降的原因(战乱、瘟疫、虎患三重天灾人祸),指出了清初四帝(顺治、康熙、雍正、乾隆)吸取明朝覆灭的教训,实行"安民"为首、"惠民"为本、休养生息的治蜀方针,及制定和实施的一系列移民政策。该研究报告认为,清代前期的"湖广填四川",是一次先由政府主导,后成政府倡导与民间自发相结合的移民运动。它合理地分布了民族、人口生存的空间,使长期陷于战乱与苦难中的"天府之国"在经济、文化、社会各方面走向复兴,对后来四川历史的发展产生了深远的影响,为"康乾盛世"的到来准备了条件。"因此,'湖广填四川'是中国历史上一次成功的经济性移民,它始于政府主导、政策推动,完成于人民群众自愿迁移,实现了由政府强制移民到支持鼓励性政策移民的转变,由被动的政治性移民向自发性经济移民的

[①] 黄镇东:《在全市文化工作会议上的讲话》(2005年12月9日)。
[②]《中共重庆市委办公厅 重庆市人民政府办公厅关于印发〈重庆市哲学社会科学"十一五"发展专项规划纲要〉的通知》(2006年6月8日)渝委办发〔2006〕22号。

转变。同时,'湖广填四川'也是四川历史上的一次大开放和四川社会的大重塑,是中华民族文化交流融合的伟大壮举。'湖广填四川'体现了清初有为之君的战略眼光和宏大气魄,这既是对明亡教训深刻反思的结果,更是对国家民族发展的抱负与雄心的体现"。[1]

2006年2月4日,汪洋同志对该研究报告做出了重要批示,指出:"共产党是代表人民群众根本利益的,我们组织移民运动一定会比封建王朝更成功。这份资料是我请宣传部的同志帮助整理的,清政府的一些移民政策思路对我们仍有参考价值。"

这既是重庆学界研究"移民文化"成果服务于决策的成果,也推动了重庆"移民文化"的研究进程。

2006年6月,中共重庆市委二届九次全会召开。时任市委书记汪洋提出,全面贯彻落实中央支持库区发展的一系列政策措施,以更强的改革精神、更浓的开放意识、更实的发展举措、更大的工作干劲、更好的和谐氛围,加快库区产业发展,着力解决移民就业,促进移民安稳致富和库区长治久安,为富民兴渝构建和谐重庆奠定坚实基础。……第一,培育库区自强不息、开拓开放的人文精神……从某种意义上讲,人文精神是一个国家、一个地区的"内动力",是最重要、最基础的"软实力"。正是因为有"软实力"的优良,才会有"硬实力"的强大。三峡库区有着深厚的文化底蕴,峡江人具有吃苦耐劳、豪爽刚毅、勇于奉献的文化性格。在三峡大移民的伟大实践中,库区又孕育了可歌可泣的三峡移民精神。这些都是我们推动发展的宝贵精神财富。……坚持不懈地解放思想,坚持不懈地更新观念,才能打造出自强不息、开拓开放的崭新人文精神,并使之熔铸到库区人民的心灵和行动之中,化为库区的精气神,成为库区的软实力,世代传承,才能为库区发展提供一种持久的动力。十年树木,百年树人。培育人文精神,不是一朝一夕的事,需要一代接一代不懈努力。[2]会议决定"在着力抓好产业发展和解决移民就业的同时,注重培育'自强不息、开拓开放'的人文精神,解决好社会发展、生态环境建设等事关长远的问题,实现库区可持续发展"[3]。

"'自强不息、开拓开放'的人文精神"一经提出,便得到了重庆全社会的热烈响应。于2007年召开的重庆市第三次党代会便把"库区人文精神"上升为全市的人文精神,要求"继

---
[1] 周勇:《"湖广填四川"与重庆》,《红岩春秋》,2006年第3期。
[2] 汪洋:《在市委二届九次全委会上的讲话》,《重庆日报》,2006年6月27日。
[3]《中共重庆市委关于加快库区产业发展着力解决移民就业促进库区繁荣稳定的决定》(2006年6月19日中国共产党重庆市第二届委员会第九次全体会议通过),《重庆日报》,2006年6月21日。

承巴渝优秀传统文化,培育'自强不息、开拓开放'的人文精神"①。这是运用文化研究成果,围绕中心,服务大局的一个经典案例。

(四)2012年重庆市第四次党代会对重庆文化体系的进一步完善

2012年,在筹备召开第四次党代会时,重庆更需要统一思想、凝聚共识。即使在这个重要时刻,重庆市委仍然没有放慢文化研究和建设的步伐。在会前的调查研究过程中,专家学者们进一步思考重庆文化的历史与现状,进一步加深对重庆文化的认识。这时,巴渝文化、抗战文化已经具备了社会的共识。但也有人在"红岩精神"的基础上,又提出了"红岩文化"。

对于"红岩精神",有专家学者指出,"中国革命精神,是新民主主义革命时期,中国共产党领导全党和全国各族人民,为实现民族独立、人民解放的伟大历程中,所倡导凝聚形成的、体现中国共产党人精神世界的理论体系。井冈山精神、长征精神、延安精神、红岩精神、西柏坡精神就是其杰出代表"②。红岩精神是从重庆历史沃土中生长起来的原创性革命精神,它不仅属于重庆,更是中国共产党和中华民族宝贵的精神财富。红岩精神所蕴含的文化内涵是中国共产党人创造的抗战文化的组成部分。

所谓"红岩文化",特指在《红岩》小说塑造的英雄群像及其产生的巨大影响这一基础上所形成的文化现象。它以小说《红岩》为标志,以若干文学、艺术作品为载体。《红岩》小说创作于社会主义时期,因此红岩文化属于社会主义新文化的范畴。这与在抗日战争时期和解放战争初期,在真实历史基础上凝聚而成的红岩精神是有很大区别的。因此,为避免与党中央提出的"红岩精神"相混淆,不宜单提"红岩文化"。这一认识被报告起草组采纳,并最终进入重庆市第四次党代会报告之中。

不少专家学者们还指出,在第一次、第二次国共合作时期,中国共产党在重庆运用统一战线法宝,尤其是在抗日战争时期,高举抗日民族统一战线旗帜,为抗战胜利和新中国奠定政治基础做出了不朽的贡献,留下了宝贵的统战文化资源。

因此,第四次党代会提出,"传承中华民族精神,弘扬红岩精神和三峡移民精神""加强对巴渝文化、抗战文化、统战文化和非物质文化遗产的挖掘、保护、传承"。③这次党代会进一步丰富了重庆文化的内涵,因坚持"红岩精神",新提"统战文化"而被记入史册。

---

① 汪洋:《加快建设城乡统筹发展的直辖市 为在西部率先全面建成小康社会而奋斗——在中国共产党重庆市第三次代表大会上的报告》(2007年5月23日),《重庆日报》,2007年5月29日。
② 周勇:《中国革命精神与红岩精神研究论纲》,《重庆日报》,2011年6月18日。
③ 张德江:《深入贯彻落实科学发展观 为在西部率先实现全面建设小康社会目标而奋斗——在中国共产党重庆市第四次代表大会上的报告》,《重庆日报》,2012年6月25日。

(五)2017年重庆第五次党代会对重庆文化的表述

2017年召开的第五次党代会提出,深入挖掘重庆特色文化资源。内容并无所指,甚至只字不提"红岩精神"。

由此可见,重庆直辖以来重庆市委和重庆学界持续不断地探求对重庆文化的认识,先后提出了巴渝文化、大后方抗战文化、三峡文化、统战文化四种文化形态,对重庆文化的整体性认识逐步明晰。

三、"重庆文化体系"初步形成(2017—2022年)

党的十八大以来,习近平总书记两次赴重庆考察调研,参加十三届全国人大一次会议重庆代表团审议,多次为重庆发展把脉定向。"把习近平总书记殷殷嘱托全面落实在重庆大地上"成为全市上下奋发图强的主旋律,成为推动发展的最强音。

2017年以来,重庆市委坚持高度的文化自觉与文化自信,坚持以习近平新时代中国特色社会主义思想为指导,以巨大努力,继续探索、挖掘、保护和传承重庆历史文化,在重庆文化体系建构上取得了突破性的进展,初步形成了"重庆文化体系"。

(一)重庆市委两次提出"重庆文化之问"

2017年,中央政治局委员陈敏尔任职重庆后,在很短时间内,便提出"重庆文化之问",开启了重庆文化体系探索之路。

2017年8月,市文化委把这个问题定位于"研究各区县特色文化"。专家学者们指出,这是对过往研究成果的继续探索,需要站在全市层面上,着眼于文化体系,主要是巴渝文化、三峡文化、移民文化、抗战文化、统战文化。后来,出了一部《重庆地域特色文化》[①],但在学界缺乏共识。

2017年10月,在传达学习贯彻党的十九大精神时,陈敏尔书记在全市领导干部大会上再次要求,要梳理重庆的优秀传统文化,研究其在中华民族文化中的地位作用,要运用重庆历史文化,为重庆发展提供强大的精神动力。在市文化委组织的专题研讨会上,仍然没有形成对重庆文化体系性表述的共识。

"重庆文化是什么?"之问尚待解答。

---

① 张洪斌:《重庆地域特色文化》,重庆出版社,2018年。

(二)重庆历史学界的学理研究和初步回答

这一时期大体做了三件事。

第一件:2018年3月19日,重庆市地方史研究会与重庆市文化研究院共同举办"重庆文化体系研讨会",组织一批有思考、有研究、有成果的专家学者共同讨论这个问题,期待能从新视角来回答这个问题。

研讨会围绕四个问题展开:一是形态问题。重庆历史上到底有哪些主要的文化形态?主要的、顶层的文化形态是什么?二是关系问题。这些文化形态的相互关系是什么?这是针对这些年研究重庆文化形态的人很多,提出的文化形态也很多,但讨论这诸多文化关系问题的很少。文化之间关系不明,就像一盘散沙,不成体系。三是体系问题。不仅要提出单个的文化形态,更需要探究这些主要文化形态如何构成重庆文化体系。现在,已经到了提出形成"重庆文化体系"的时候了。四是表述问题。如何用简练的文字概括和表述重庆文化体系。希望在深厚的学理性研究基础上,提出供党委决策参考的,并用于施政的重庆文化体系,形成重庆文化建设的最大公约数。

与会专家学者畅所欲言,着眼当下,新意迭出。其中就包括笔者提出的以六个文化为主体的"2+4"结构的重庆文化体系(巴渝文化、革命文化、三峡文化、移民文化、抗战文化、统战文化)。

第二件:2018年3月10日,习近平总书记在参加十三届全国人大一次会议重庆代表团审议时,对重庆悠久的历史文化传统和优秀的人文精神积淀给予了高度评价,对重庆人坚韧顽强、开放包容、豪爽耿直的个性和文化给予了充分肯定。讲话极大地鼓舞了专家学者们对研究重庆文化体系的信心。重庆市委宣传部因势利导,组织研究重庆人文精神。参加"重庆文化体系研讨会"的专家学者们贡献了第一批研讨成果,主要有王川平《重庆传统历史文化中的人文精神》,着重于古代时期;周勇《追梦路上的重庆人文精神》,着重于近代时期;蓝锡麟《重庆人的性格是怎样形成的》。[1]这批论文在社会上引起了热烈反响,也引起了重庆市委的注意。

第三件:鉴于笔者在"重庆文化体系研讨会"上提出的"以六个文化为主体的'2+4'结构的重庆文化体系"的意见得到了绝大多数专家学者的肯定,领导和同志们鼓励笔者尽快成文,供重庆市委决策参考。笔者便写成《答"重庆文化之问"——对重庆历史文化体系的一种探讨》一文。在反复征求意见、修改打磨后,2018年7月12日,重庆市委宣传部《思想动

---
[1] 详见《重庆日报》2018年5月2日第六版整版。

态》(内参)全文刊载,送重庆市委、市人大、市政府、市政协领导同志参阅。经领导批准,8月10日,《重庆日报》公开发表,进而产生了更大的影响。

(三)重庆市委建构"重庆文化体系",指导全市工作

党的十九大以后,重庆市委按照习近平总书记的要求,以高度的文化自觉与文化自信,继续挖掘重庆文化体系。2018年初,重庆市委书记陈敏尔提出了"行千里·致广大"的人文理念,在对重庆文化深入调研的基础上进行了顶层设计,建构了重庆历史文化体系。

"建设长江上游重要生态屏障,推动城乡自然资本加快增值,使重庆成为山清水秀美丽之地。"是习近平总书记对重庆提出的重要政治任务。2018年,《中共重庆市委重庆市人民政府关于深入推动长江经济带发展加快建设山清水秀美丽之地的意见》(渝委发〔2018〕29号)出台。该意见指出:要深入挖掘重庆历史文化根脉,大力传承巴渝文化、三峡文化、红色文化、革命文化、抗战文化、统战文化、移民文化等特色文化,做靓重庆历史文化品牌。这是"六个文化"第一次整体性进入重庆市委、市政府文件。

2018年6月12日,重庆市深入推动长江经济带发展动员大会暨生态环境保护大会召开,贯彻落实上述文件精神。随之,"六个文化"被吸纳到新编的《重庆市国土空间总体规划(2020—2035年)》之中,并在重庆市规划展览馆展出。

2018年9月28日,陈敏尔书记在全市宣传思想工作会议上发表了《守正创新 凝心聚力不断谱写宣传思想工作新篇章》的讲话。他指出,要坚持以习近平新时代中国特色社会主义思想为指引,紧扣总书记对重庆提出的"两点"定位、"两地""两高"目标和"四个扎实"要求,全力抓好宣传思想工作重点任务落地见效。

在讲话中,他对重庆文化体系进行了整体表述,"重庆文化资源富集,有源远流长的巴渝文化,有享誉世界的三峡文化,有可歌可泣的抗战文化,有彪炳史册的革命文化,有独具特色的统战文化,有感天动地的移民文化,这些多彩多姿的地域文化是中华优秀传统文化的重要组成部分"。同时,他对"重庆"二字进行了令人耳目一新的解析。他说:"从'重庆'二字来看,千里为'重'、广大为'庆',在重庆'行千里',可以'致广大',体现的是中华民族的优良传统和重庆人民的价值追求。""我们要加强对地域传统文化的深度研究,去其糟粕,取其精华,使丰富厚重的优秀传统文化滋养巴渝大地,激励重庆人民以永不懈怠的精神状态和一往无前的奋斗姿态去开创幸福美好的明天。"这标志着"重庆文化体系"初步形成。

2019年6月,重庆市委书记陈敏尔,市委副书记、市长唐良智与文化和旅游部党组书记、部长雒树刚一行举行座谈。陈敏尔说，重庆是著名的山城、江城，是国家历史文化名城，巴渝文化、三峡文化、抗战文化、革命文化、统战文化、移民文化交相辉映，文化资源富集，人文底蕴深厚。[①]这是重庆市委形成"重庆文化体系"后第一次公开见诸报端。

（四）重庆市委决定编撰《行千里·致广大——重庆人文丛书》，呈现"重庆文化体系"形象

2019年以来，重庆市委书记陈敏尔多次要求市政协充分发挥政协组织和政协委员的作用，加大对重庆"一区两群"文化内涵和重庆人文精神的深入研究和阐释，高质量、高水平、有特色，统筹协调做好相关工作。

2021年5—6月，重庆市政协形成了《行千里·致广大——重庆人文丛书》编撰出版方案。2021年6月26日，陈敏尔批准了市政协提出的方案，批示指出："此事有意义，力求高质量编撰出版。请市委宣传部等有关方面予以支持配合。进展情况随报。可以再考虑一下诗词赋等方面的内容。"

2021年7月7日。重庆市政协召开《行千里·致广大——重庆人文丛书》编撰出版工作专题部署会。2022年1月，重庆两会期间，市政协发布了《重庆人文丛书》编撰进展的新闻。

2022年4月中旬，陈敏尔书记听取了《重庆人文丛书》编撰情况报告，开始逐步审阅《重庆人文丛书》（共12卷）的纲目、概述，调整特色三卷书名，指示起草总序。

2022年5月13日，陈敏尔主持召开传承历史文化、建设文化强市座谈会，重点研究了《行千里·致广大——重庆人文丛书》编撰工作，对《重庆人文丛书》的若干重大问题进行了系统的阐释和指导。

陈敏尔阐释了编撰《重庆人文丛书》的目的。他指出，总的目的是深入贯彻落实习近平总书记殷殷嘱托，引导广大党员干部群众加强历史文化保护传承，挖掘弘扬重庆人文精神，为推动高质量发展、推进现代化建设提供强大的价值引导力、文化凝聚力、精神推动力。编撰丛书是对重庆历史文化资源的深度挖掘和系统研究，体现着重庆人在历史长河"行千里"和面向未来"致广大"的文化自信；是对大山大水、好山好水的热情礼赞，是对"山水之城·美丽之地"的深情讴歌，是对山水之间"行千里"、天地之间"致广大"的激情探索；是对巴渝大地荟萃人文的一次回望和梳理，让重庆特色的优秀传统文化更好地前行、更广地传播；是对重庆山水人文画卷进行艺术发掘和诗意再造，用心用情唱响"山水之城·美丽之地"，让更多的人在诗境里"行千里"、在诗意中"致广大"，尽享"诗和远方"。

[①]《陈敏尔与文化和旅游部部长雒树刚一行座谈》，《重庆日报》，2019年6月16日。

陈敏尔指出，本次丛书编撰规模大、范围广、分量重，堪称重庆文化的一次大制作，将为重庆增添一张闪亮的文化名片。我们要提高政治站位，以高度的责任感和使命感抓好任务落实，把问题想得更深一些、更细一些、更周全一些，高质量完成编撰工作，着力打造对得起历史、也经得起历史检验的精品力作。为此要坚持正确政治方向，要深化研究阐释，要讲好人文故事，要树牢精品意识，出版这套丛书是重庆地域历史文化保护传承工程的四梁八柱，要真正成为精品力作。

四、重庆市第六次党代会确立了"重庆文化体系"（2022年）

2022年5月27日，重庆市第六次党代会开幕，党代会报告论述了重庆人文精神、重庆历史文化体系，勾画了重庆名城形象。

（一）重庆市第六次党代会报告完整表述了"重庆文化体系"，标志着重庆文化体系的确立

1. 确立了"行千里·致广大"重庆人文精神，举起"人文精神"之炬

在总结过去五年成就时，报告指出，"'行千里·致广大'唱响了重庆的人文精神"。这是过去五年重庆最重要的文化成就之一。

在指导未来工作时，报告指出："我们要增强文化自觉，坚定文化自信，弘扬'行千里·致广大'的人文精神，以文铸魂、以文化人，为重庆改革发展提供强大的价值引导力、文化凝聚力、精神推动力！"这是未来文化工作的理念。

报告在结束时号召全市："让我们更加紧密地团结在以习近平同志为核心的党中央周围，真抓实干、埋头苦干，行千里而积跬步，致广大而尽精微，以实际行动迎接党的二十大胜利召开，为全面建成社会主义现代化强国、实现中华民族伟大复兴的中国梦作出新的更大贡献！"

2. 确立了"重庆文化体系"，立起"历史文化"之柱

在部署今后五年工作的重点举措时，报告强调，要"深入推动文化繁荣发展，持续抓好文化强市建设……保护传承好巴渝文化、三峡文化、抗战文化、革命文化、统战文化和移民文化……让历史文化活在当下、服务当代"。这六个文化就是未来文化工作的着力点。

3. 描述重庆的文化形象，亮起"文化名城"之彩

报告指出，"重庆是一座人文荟萃、底蕴厚重的历史文化名城，'长嘉汇'源远流长，'三峡魂'雄阔壮美，'武陵风'绚丽多彩"。第一次描绘了"山清水秀美丽之地"在人文方面的形象。

一个崭新的,既有深厚学理根基,又有全新精彩表述的"重庆文化体系"亮相全国,引起了热烈的反响。

(二)"重庆文化体系"的确立是重庆市第六次党代会文化成就的代表

1.重庆"人文精神",是指导未来重庆发展的文化指针

毛主席说,人是要有一点精神的。人如此,城市也是如此。

重庆直辖以来,提出过"自强不息、开拓开放"的人文精神,提出过"登高涉远、负重自强"的城市精神。

重庆市第六次党代会报告提出的"行千里·致广大"的人文精神具有深刻的文化内涵。从形式上讲,"重庆"二字拆开来看,就是千里为"重"、广大为"庆"。从文献上讲,"行千里",取自老子《道德经》的"千里之行,始于足下"和荀子《劝学篇》的"不积跬步,无以至千里";"致广大",取自《礼记·中庸》的"致广大而尽精微"。从文意看,"千里"谓长度,表示长路漫漫、前路迢迢;"广大"谓宽度,表示天地辽阔、气象宏阔,在重庆"行千里",可以"致广大"。尤其是从内涵讲,蕴含了天人合一的传统思想,彰显了知行合一的价值追求,承载了以文化人的实践要求。这一文化内涵已经深入人心,在全市上下形成了广泛共识,日渐成为重庆人文精神的标识代码,成为重庆人的一种集体意识。

2.以"六个文化"为核心的"重庆文化体系",是近些年重庆宣传文化工作的重大成就,在重庆文化史上具有标志性的意义

直辖以来,重庆市委持续不断地挖掘重庆文化,为第六次党代会确立重庆文化体系打下了坚实的理论和实践基础。正是因为有学界长期研究的积累,党的十九大以来,重庆市委深入调研,广纳博采,不断探索,才有了第六次党代会报告对重庆文化体系的精准表述。这是直辖以来全市努力宣传文化战线20多年的成果,因此在重庆文化史上具有标志性的意义。

3.重庆市第六次党代会中的文化论述,是社会主义先进文化在重庆的最新成果,标志着"重庆文化体系"的确立

党的十九大报告指出:"中国特色社会主义文化,源自于中华民族五千多年文明历史所孕育的中华优秀传统文化,熔铸于党领导人民在革命、建设、改革中创造的革命文化和社会主义先进文化,植根于中国特色社会主义伟大实践。"

重庆市第六次党代会报告中提出的六个文化(巴渝文化、三峡文化、抗战文化、革命文化、统战文化和移民文化），包括了前两个阶段即中华优秀传统文化和革命文化，但没有对体现社会主义先进文化的重庆特色文化进行提炼和表述。因此，笔者以为，这个体系也可以称为"重庆历史文化体系"，即主要还是历史文化的范畴。

　　为什么如此呢？因为"社会主义"还是一个正在进行时，实践在发展，文化在传承和发展，需要一定的时间来积累、沉淀、提炼。一句话，文化还需要建设。

　　发展社会主义先进文化，必须坚持守正创新、兼收并蓄、深耕重庆。首要的就是守正创新。先要守正，才有创新。守正，就是传承优秀文化，继承优良传统。这就包括怎么看待过去的文化遗产，怎么认识历史上的文化形态，怎么揭示历史和文化的规律。但绝不是重起炉灶，另搞一套。没有继承的创新，就是无源之水，无本之木。

　　重庆市第六次党代会报告中的文化论述，就是一次守正的实践，它回顾历史，提取精华，架构系统，整合成军。这样的守正，就是创造。这是我们重整行装再出发的基础。因此，重庆市第六次党代会报告中的文化论述，其本身就是立足于社会主义实践的，是对历史文化的一次再认识，是社会主义先进文化在重庆的最新成果，标志着"重庆文化体系"的确立。

　　同时应当指出的是，文化形态具有历史性，即一定形态的文化在一定的时代环境中表现出特有的模样，随着时代的发展文化也将随之发展，我们对文化的认识也会与时俱进。因此，现在所表述的"重庆文化体系"，只能是我们的一个阶段性认识。就"重庆文化体系"而言，我们在顶层设计上，还需要进一步完善；在纵向结构上，还需要继续梳理亚文化、子文化，完善其结构。这些，都需要我们不断认识，不断升华，不断修正，不断地创新性发展。

　　因此，重庆市第六次党代会的文化成就，立起了重庆文化的四梁八柱，这是对重庆历史文化的重大贡献。重庆市第六次党代会的文化成就和精神，是对重庆直辖以来关于文化讨论的一个阶段性总结，具有里程碑意义。这是在重庆市委领导下，重庆市政协统筹下，全市文化界共同奋斗的结晶。

　　2023年1月12日，重庆市政协主席王炯在重庆市政协六届一次会议上宣布了《行千里·致广大——重庆人文丛书》出版的消息。[①]此前，重庆市政协发布五届政协十大新闻事件，"编撰出版《行千里·致广大——重庆人文丛书》，全景式巡礼重庆特色文化和人文精神"入列其中。[②]《重庆政协报》用整版刊出《一部"行千里·致广大"的人文交响——〈行千里·致广

[①] 王炯：《中国人民政治协商会议重庆市第五届委员会常务委员会工作报告》（2023年1月12日），《重庆日报》，2023年1月30日。
[②]《五届重庆市政协十大新闻事件》，《重庆政协报》，2023年1月10日。

大——重庆人文丛书〉编撰出版侧记》,通过"一件大制作""一次大创作""一轮大合作""一套大力作"四大板块,近5000字的篇幅,全面展现了《行千里·致广大——重庆人文丛书》的恢宏气象和厚重内涵。《重庆人文丛书》被称为五届政协交出的"一份可圈可点的重庆'文化答卷',呈现了一部'行千里·致广大'的人文交响"[1]。

  回首过往,重庆历史学界对重庆历史的研究为重庆文化体系的建设奠定了史实基础,更对提出和建构重庆文化体系发挥了主力军作用。我们重庆史研究会倾全力为之奋斗,做了一点应尽之责,在重庆历史文化研究、历史文化基础建设方面取得了新的进步;同时,也开启了我们继续探索的前进之路。

---

[1] 凌云:《一部"行千里·致广大"的人文交响——《行千里·致广大——重庆人文丛书》编撰出版侧记》,《重庆政协报》,2023年1月10日。

重庆非遗舞蹈传承人调查与研究

王海涛

（重庆大学）

【摘要】非物质文化遗产的保护与创造性转化是新时代文化发展中的重要课题，其中以身体为媒介的传统舞蹈项目有着动态性、表演性等特征。本文以重庆传统民间舞蹈的整体性研究为特点，对传习现状、传承人与生境调查等方面做了大量田野考察与资料整理，从"非遗舞蹈"的身体在场、技艺保护和传承策略等角度进行多维阐述，以期为重庆非遗保护工作提供建设性意见。

【关键词】非遗保护；传统舞蹈；传承人；系统性保护

不同区域、不同民族的舞蹈常常隐含着强烈的民族文化气息，并通过鲜明的文化符号、艺术特征和身体形态表现出来。2021年，中共中央办公厅、国务院办公厅印发了《关于进一步加强非物质文化遗产保护工作的意见》，国务院印发了《"十四五"旅游业发展规划》，文化和旅游部印发了《"十四五"非物质文化遗产保护规划》，等等。这些文件对非物质文化遗产保护传承在适应当代旅游需求和文化创造性转化上提出了具体的要求。

2018年以来，笔者及调研团队对重庆地区非遗舞蹈传承人展开调研。在调研中我们发现，重庆的非遗传承人普遍年事已高，身体状况较差，对传承项目的亲近感和舞动能力降低；由于价值观念、生产生活方式的转变，大量年轻人外出务工，人才流失严重。在此情况下，重庆非遗舞蹈的保护传承，更要突出以人为本，并将非遗舞蹈与现代审美需求相结合，使非遗舞蹈成为群众更加喜闻乐见的艺术形式，在当代社会中取得更高的价值地位。同时，非遗舞蹈所赖以生存和支撑的民俗场域是保护的另一重要内容。非遗舞蹈发迹于农耕文化土壤。自然环境的变迁及人们生产生活方式的改变，严重破坏了非遗舞蹈的存在基础，村落的改变形

---

①2022年度重庆社会科学规划项目"巴蜀地区舞蹈图像整理与研究"（2022NDYB183）。

成了场景异化,非遗舞蹈失去了原有的生存土壤,传承发展的基础也日渐萎缩,等等,这些问题亟待解决。

一、重庆民间舞蹈研究概况

新中国成立以来,民间舞蹈的保护与整理主要有几个重要的代表性成果。

①1950年,由生活·读书·新知三联书店出版了吴晓邦的《新舞蹈艺术概论》。该著作论述了舞蹈艺术的基本理论、基本知识以及中国舞蹈的发展史等,同时也是我国第一本舞蹈专著,1982年由中国戏剧出版社出版修订版。

②1988年,中国社会舞蹈研究会成立。

③1992年,第三届中国艺术节在云南省昆明市举行,并召开了全国民族舞蹈创作研讨会。

近些年,在非遗视域下的舞蹈研究逐渐聚焦于艺术生态问题、舞蹈运动问题和传承人生存问题。但从重庆的实际情况来看,重庆的非遗保护仍然没有摆脱对于样式和表象的"记录",没有把关注的焦点真正地放在传承人身上,对于传承人的生境、表演和发展变化问题不够重视。因此,同一项目的不同传承人具有明显的差异性。

据调查,自20世纪80年代起,相关工作者已经陆续对重庆非遗舞蹈的资料进行收集和整理。1983—1985年,在重庆市文艺集成编选领导小组领导下,重庆市民族民间舞蹈集成编选办公室组织领导舞蹈工作者深入挖掘、记录了大量的一手资料,并积极开展非遗舞蹈的展演活动,有力推动了非遗舞蹈的保护和传承。此期间图片的记录稍早于视频资料,造型、动作、服饰、场记等均已用图像的形式进行保存,但资料数量较少。直到21世纪初,随着科技的发展,非遗舞蹈的图像及影像记录方式才逐渐普及。2003年,重庆市文化局编的《重庆民族民间舞蹈集成》出版。

总体而言,之前的保护工作由于缺少舞蹈的图片、影像记录,仅凭文字记录,难以实现对身体进行真实、完整的记录。

舞蹈领域的年轻学者在舞蹈本体、舞蹈教材、舞蹈创作等方面取得了一些学术成果。但这些成果多是孤立的、浅显的,未能形成体系。截至笔者完稿时,研究重庆民间舞蹈的论文有26篇,相关集录有6部,相关教材有2部,所涉及的专题(区域)研究有13个。统观全局,实属贫乏。再如,以近十年的重庆社会科学项目为例,第一个立项的重庆舞蹈专题研究是在2010年,近十年的社科总立项项目数量是2000多项,其中舞蹈类立项项目仅6项。

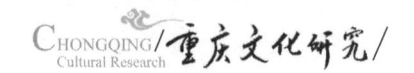

重庆舞蹈资源丰富,但相关研究成果却很匮乏。我们应在国家发展文化与旅游的背景下,在地方政府的支持下,抓住机遇,取得更多相关研究成果。

二、"非遗舞蹈"的研究近况

"非遗舞蹈"于2017年在中国人类学民族学研究会艺术人类学专业委员会主办的"非遗舞蹈进校园——舞蹈教学课例展示暨论坛"活动中被正式提出。这一概念不同于以往表述为非遗中的舞蹈,或是舞蹈的非遗范畴,而是尝试用非遗视域和民间舞蹈中的非遗视角进行概念和内容上的交叉,是"以民间舞蹈为基本,并正式进入了非遗保护名录(各级)的舞蹈"。

近年来,相关研究成果日益增多,如《论"非遗"语境下传统民间舞蹈的保护》《甘肃省少数民族非物质文化遗产保护研究》等。

在重庆非遗项目中,和舞蹈有关的有43项,有的是歌曲与舞蹈相结合,以唱为主;有的是以"演故事"为主,舞蹈为辅;有的是在祭祀的过程中,以"祭礼"为主。因此,非遗舞蹈保护的交叉性也是关键之一。笔者认为,对非遗舞蹈的认识要有以下几个逻辑层次:首先,其本身就是舞蹈形态和成熟的舞蹈,如土家族摆手舞;其次,以舞蹈为主体,形成了载歌载舞的舞蹈形式,如秀山花灯、铜梁龙舞;再次,不以表演(表现)舞蹈本身为主,却通过身体的舞蹈性呈现,也就是身体的呈现中具有完整的舞蹈属性与特征,构成了舞蹈的要素;最后,掺杂在仪式中、隐藏于游艺中的舞蹈,其特征是不明显地呈现出独立的舞蹈表演和舞蹈身体。这几个层次也是非遗舞蹈的几个认定标准。

三、文化浸润与身体在场

在中国民间艺术中,各区域的民间艺术与特定的文化环境有着紧密的联系,民间艺术离不开当地传统文化的浸润与滋养。民间舞蹈作为活态化与形象化的艺术表征,其传承与表演的演进过程深受区域民间艺术的影响。历史上的巴渝文明对现存民间艺术样式有着深层的文化促因,特别是乐舞艺术中保存了古代巴渝文化的气质、品格和精神。秀山花灯作为汉族秧歌艺术中的重要形式,受民歌、戏曲、舞蹈、杂技,以及纸扎工艺和宗教文化等多个方面的影响,是我国宝贵的民族文化遗产。其中,"扫花台"是秀山花灯中独具特色的动作之一,具有深刻的文化寓意,体现了当地独特的风俗习惯。又如,城口的钱棍舞,是汉族民间舞蹈的一种，在实践中不断改良和发展，使得今天的钱棍舞在时代的变迁中能够迎合大众的审美需求。重庆非遗名录中也有狮舞这一艺术形式。狮子一直以来都是祥瑞如意的象征符号，因而，狮舞在民俗活动中深受老百姓喜爱，寄托着人们求吉纳福的美好意愿。重庆是狮舞的聚集地之一，主要分布在梁平、大足、潼南等地区。重庆不同地区的狮舞既有共性，又有个性。同一个动作在不同的地区有不同的叫法，且所表达的意思也不尽相同，体现了不同地区的文化艺术、生活观念、价值信仰等，其中包含了丰富的民族意蕴，彰显了各地区的文化个性与审美追求。

非遗舞蹈研究中的身体透视是核心。身体是文化的一部分，它携带着大量的信息与文化记忆。来自不同学科背景的学者将研究视野转向对身体的研究，研究内容包括身体史、身体观念和身体文化等。通过民间舞蹈的身体形态、身体动律和身体观念表现，可以得到身体的民族属性，还可以在艺术化的表现中归纳出身体的符号系统与象征意味。文化遗产的非物质属性是民间舞蹈的核心要素，不同于美术、工艺、民谣等，它以身体作为文化传承的载体，通过肢体语言传情达意。

在以往的研究中，由于科学的方法与技术的缺乏，难以对动态的身体语言进行恰当和有效的记载，许多非遗舞蹈的保护与传承面临着艰巨的挑战。2023年，习近平总书记对非物质文化遗产保护工作作出重要指示，强调要扎实做好非物质文化遗产的系统性保护，更好满足人民日益增长的精神文化需求，推进文化自信自强。乡村工匠作为扎根乡村、掌握传统技艺、提供当代产品的乡村手工业者、传统艺人，正是传承非物质文化遗产的重要载体和有生力量。

由于"非遗舞蹈"是以身体为媒介的表演类项目，在传统的非遗项目中，非遗舞蹈有着独特的表现形式和审美感。近年来，对非遗舞蹈的保护与研究逐渐从单一的艺术学视野向非遗视野转变，同时，研究者借助人类学研究中的方法与经验来拓展对传统非遗舞蹈的认识。

舞蹈有着极强的技术性，反映在形态与演绎中。"非遗舞蹈"的技术关键，民间舞蹈的非遗保护，不仅有着属性与关系的问题，同样也隐含着较强的技术性问题。舞蹈技术，包括了舞蹈者的动作难度、技术技巧，以及身体语言在流动中的能力体现。这种表现有时会牵涉力效与肢体的关系，有时还蕴含着动作间微妙处理和舞蹈中综合能力的成分。在对重庆民间舞蹈的调查中可以发现，这些舞蹈既有精准到位的动作，又有传承人在舞蹈中的独特处理。例如，重庆秀山花灯中的高台表演，花灯表演者不仅要利用普通的道具进行表演，而且

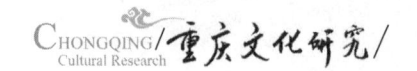

要进行高空表演,难度非常高,舞蹈的技术性是其精妙之处,具有独特的艺术美感。同时,技术性方面的传习与传承,通常以师徒相授和家族传承的方式为主,这也是传承过程中,技术难度和技艺变化的关键。传承对象的限制在一定程度上造成了人才缺失,成为非遗舞蹈保护传承所面临的重要问题。

四、对策与建议

重庆非遗保护工作不断推进并逐步完善。2005年,成立了市级非物质文化遗产保护的专业机构——重庆市非物质文化遗产保护中心,与重庆市文化艺术研究院两块牌子一套班子。2015年,成立了重庆市非物质文化遗产保护协会。

重庆非遗保护工作有序开展并卓有成效。其一,建立了国家、市、区县三级非遗保护名录和保护工作体系作为非遗保护的基础。截至笔者完稿时,重庆市共有市级及以上非遗项目(舞蹈类)55个,其中国家级项目4个,市级及以上传承人63名,其中国家级传承人6名。其二,加快出台非遗项目的管理政策。2012年,公布《重庆市非物质文化遗产条例》;2013年,颁布《重庆市非物质文化遗产专家评审办法》;2015年,出台《重庆市非物质文化遗产代表性传承人管理办法》。其三,加大对非遗保护载体和平台的建设力度。截至笔者完稿时,全市命名市级非遗传承教育基地55个、市级非遗生产性保护示范基地35个,有效拓展了非遗保护、传承和教育渠道。此外,还打造了国家级文化生态保护实验区、非遗活动品牌等。

在进入文旅融合时代的当下,非遗保护工作需要抓住机遇,使文化与市场互利互惠、共同发展。同时,非遗舞蹈的保护与发展应当注意以下几点:首先,充分发挥地方文旅委、文化馆、文化站的作用。多角度、多维度地考虑非遗的传承与当代生机的转化问题,确保非遗项目能够实现"见人见物见生活"的活态性传承。其次,打造非遗舞蹈项目的本体化保护,即原生态的记录与保护。非遗舞蹈保护应注重"原生性",聚焦非遗舞蹈本身,聚焦传承人本身。最后,完善非遗传承人申报体系和管理体系。

"非遗"是以人为核心的活态文化,人是诸多要素中的首要主体,也是文化生态系统中具有主导性作用的要素。当传承主体缺失时,即便存在民间文化的生存发展空间,也只是空有土壤。笔者调研走访了非遗舞蹈传承人34名,对重庆传统舞蹈的现状、保护工作以及传承人与生境等方面做了整理研究。调查发现,近年来,民间艺术的保护与传承,不仅隐含着村落与生境的变化,还映射着新与旧、土与洋、民间与主流的价值观转变。

非遗舞蹈的保护较之于其他艺术形式的保护呈现出以下特点：

一是"典型的"优于"一般性"的保护。例如，被列入国家级非物质文化遗产名录或者面临濒危的项目，被重点关注，给予政策和资金等方面的扶持；对一般性的项目关注度较低，保护工作取得的进展也微乎其微。

二是文本项目的保护强于非文本项目的保护，因为文本项目能够依托文字进行传承和记录，非文本及无具体形式的项目，则很难进行传承和记录。

三是近年来非遗舞蹈类项目在北京、上海、广东等东部发达地区得到了较好的保护。三四线城市的艺术观念相对较弱，舞蹈保护意识也较薄弱。

四是重庆地区的舞蹈研究群体匮乏，研究者往往没能从重庆非遗保护的整体性和区域文化等方面进行思考。

在后申遗时代，随着对非遗认识的逐渐成熟，非遗保护由重申报向重管理转变，走向科学化、规范化。重庆非遗舞蹈的保护与传承需要在政府主导下，学界、行业协会、产业界、传承群体以及地方群众等协同合作，共同守护自己的传统艺术和民族之根。

施夔古驿文化探究

田成才

(重庆市奉节县文旅委夔州文化旅游研究院)

古驿即古驿道和古驿站的总称,是靠人畜之力供养的交通命脉。夔州府(今重庆奉节)至施南(今湖北恩施)就有一条极有影响力的古驿,名为"施夔大道",南过龙山,北起夔府长江南岸,连接大武陵地区,与湘、鄂、渝、陕、黔地区相交,形成了较大的经济线路、军政线路和文化线路网络,有"长江千里古盐道"之称,史书上载为"官盐大道",被历史学者定为"中国内陆最重要的文化沉积带"。

一、施夔大道的前世今生

施夔大道何时修建已无从考证,但从"奉节人"、"巫山猿人"、"建始直立人"和"长阳人"遗址来看,应该说其成形很早,因其所在的位置就在夔州和施南的核心区域。据《奉节天坑地缝岩溶景观及世界自然遗产价值研究》、《天坑地缝风景名胜区生物多样性研究与保护》和《14万年前"奉节人"》记载:奉节兴隆、巫山庙宇和湖北建始很早就有人类足迹。以"古"类推,以巫盐论道,在巴人兴盛时期形成的长江三峡南岸蜀鄂古道,其渊源可追溯到古时的官、商、兵、盐走向江南的"第一条路线",被人们称作"历史的高速公路"。那时候的道路有"官道"与"乡道"之别,有"大路"与"小路"之称。《中国国家地理》将这条"巴盐古道"誉为"中国第五大古道"。

康乾盛世期间,受益于长江黄金水道,江南古道逐渐兴起。到清朝末期,施夔境内乡间沿途的集镇因古驿而形成一定规模。史载清道光十七年(1837年),川楚古道经太阳河(石乳关)。其线路应是经江南的关武镇(罗家沱)、观音庵、马家堰、马驿口、太阳河(石乳关)、梭布垭、杉木坝、白杨坪、龙凤坝、施南府、咸丰、来凤、龙山,形成了一条包含商贸、邮递、移民、防御的生命线。

天井峡地缝石观音

马驿口半岩中的生民寨

老岩上的百步梯驿道

龙门店子坪的岩石指路碑、功德碑底座

原庙湾乡和尚洞三佛塔　　　　　　　　九盘河(过河口)廊桥

被毁坏的廊顶式碑帽　　　　　　　　作者实地考察

施夔大道是夔州除水路外通往湖北的重要输送线。这条线结构复杂,集散点较多,自长江南岸出发后,除主道直达施南外,有西南线经湖北利川方向的,有东南线经湖北建始方向的,西南和东南均向主道集散。

施夔大道全长200多公里。据志书记载和遗址考证，施夔大道有以下几个特点：一是按距离有等级分段，即铺（约15公里）、店（约30公里）、站（约50公里）三级。二是在集散路口（一般在十字路口）设有指路碑和功德碑，形状一般有令牌形、柱形和官帽形。指路碑的内容多以地名、方向（东达、北望……）、食宿、水源距离等为主。功德碑主要记载修建、修缮驿道时捐钱、捐工、捐粮等情况。过去的道路都是当地义务捐修，倡议修桥补路作为第一善政和善行，多以树碑立传褒扬。三是设有固定的骡马店，配备适量的马场、马匹和草料。四是古驿沿途有地方联护安全、政府组织剿匪等保障。

一条高速富裕一方，一条古驿兴起一线集市。施夔大道繁荣了沿线的村庄、集市。如施夔交界处的马驿口，又叫三角坝，贾商云集。沿线还有不少地方演变成现在的乡镇中心和现代城镇。

奉恩公路，连接318国道，自奉节南岸李家坝（关武镇）经新民（观音庵）至三角坝（马驿口）过石乳关到湖北。奉恩公路经过三次提档升级，现在已是逢山穿洞、逢沟搭桥、宽敞的柏油马路。国道的开通，替代了曾经的古驿，至此，施夔大道成了历史的记忆。

二、施夔大道的文脉钩沉

施夔两地有较为复杂的渊源，既是一家（恩施原属夔州所辖），又是省界（曾经的湖北、四川交界，今渝鄂交界），曾经还是国界（三国时期的蜀吴交界于石乳关）。

（一）古驿的歌舞

1.歌

在以三峡为中心的长江线、清江线、酉水线和汉水线有丰富多彩的民歌。就以施夔古驿来说，活动在这一线的主力有赶驾子、背脚子、挑夫子、盐贩子等。他们在很累的时候，喊"嗨哟……喂……"；打杵歇气的时候，唱"……三步跳你莫怕，前面就是三角坝"。

竹枝歌因民间竹枝而得名，是词、歌和舞相结合的三峡民间艺术遗产。《词律》称竹枝又名"巴渝辞"，其发源地应在以夔州为中心的区域，包含的内容非常广泛。

（1）巫歌，据载源于"原始狩猎时代"和"原始农耕时代"两者之间。

（2）劳动歌，有号子歌，如抬工号子（"伙计我的个伙哟嗬，伙计怎样说哟嗬，前面几步梯哟嗬,几步拿上去哟嗬,伙计哟伙计哟",前面的人提醒"险得很哟",后面的人答"踩得稳哟"),薅草歌("……薅草锣鼓震天响,锣鼓催得人勤快……""张家大妈年纪大,埋头薅草不说话,汗水如雨脸上挂,铲草除根在锄下……")。

(3)情歌,俗言"无姐无郎不成歌",在山乡出口就有哥妹情歌("妹等情哥哥没来,等得花落又花开。铜壶煨酒煨干了,油炸豆腐起青苔")。

(4)婚歌,在过去的农村广为流传("哭声爹来刀割胆,哭声妈来箭穿心……")。

(5)儿歌,也是非常重要的组成部分,并代代传承("一根树儿十八丫,又结葡萄又结瓜。又结云南金豇豆,又开四川牡丹花")。

2.词

"夔州竹枝歌舞"有数千年的传承历史,在2012年被纳入重庆市非物质文化遗产名录推荐项目。2019年,"夔州竹枝词"被纳入重庆市非物质文化遗产代表性项目名录。唐代刘禹锡在任夔州刺史期间,取巴渝民歌精华,摒弃其鄙陋,提炼出竹枝词十一首,被广为传诵。

刘禹锡在《竹枝词二首·其一》中写道:"杨柳青青江水平,闻郎江上踏歌声。东边日出西边雨,道是无晴却有晴。"风趣地描述了当时民间生活娱乐场景。《夔州诗全集》收录了白居易、范仲淹等历代诗人的竹枝词。

3.舞

史载,舞的渊源可追溯至农耕时代。施夔古驿一线的舞主要源于巫舞。在三峡地区主要有两种形式:一种是驱鬼妖,一种是请神灵。驱鬼妖的舞,保留了原始狩猎的武风形式;请神灵的舞,焕发着朝新的文礼形式。《楚辞·九歌》就是由巫觋通过歌、舞、乐三位一体迎神、娱神、送神的艺术。《宋元戏曲考》中有"歌舞之兴,其始于古之巫乎"。国学大师王国维认为:由巫觋表演的《九歌》已是后世戏曲的萌芽。

(二)古驿的建筑

古驿在独特的环境中形成了独具特色的建筑文化。民居大多是"土木墙瓦屋"、"木架板壁瓦屋"和土石墙茅草屋,有单户和联户。

汉代抚琴陶俑

夔州博物馆仿塑猿人吹哨

民间薅草锣鼓

传统舞肉连响

奉节兴隆老街

恩施白杨老街　　　　　　　　恩施太阳河老街

（图：田先鸣）

　　施夔段特别有名的观音庵、兴隆、太阳河、白杨坪等，一般都沿着山麓或平坝依势而建，房屋层层相叠、鳞次栉比，不拘一格，顺乎自然。特别是兴隆古镇，木房老街顺驿道而建，青石街道、门市铺面一字铺开，内套天井，人兴物丰。

　　古驿的兴起和繁荣，使施夔一带兴起了庙宇文化。立庙朝拜，祈福纳平是重要的活动，甚至有的地名都带"庙"字，如庙宇镇、庙垭河、庙梁子等。在施夔交界区域有数以百计的庙宇，如龙王庙、古寺庙、玉皇庙、太阳庙、和尚庙、仙女庙、城隍庙、关帝庙、川主庙、师爷庙、马神庙、太山庙、土地庙，还有万寿宫、禹王宫、武圣宫和云龙观、天仙观、观音庵等。

　　施夔大道因古驿兴盛而文脉厚重，有许多名人轶事、诗词流韵、文化古迹。

三、施夔大道的三国疆界

沿巴盐古道北行至一脚踏两省交四县的石乳关，便是交界垭口，北为蜀地奉节"马驿口"（三角坝），现在的兴隆镇，南为吴域恩施太阳河集镇。明诗人童昶有《石乳山》诗："界分楚蜀控喉咽，诸葛遗踪俗尚传。一锁南封千里地，双峰高挂九重天。华夷今古关防立，草木春深造化欢。我忝书生有边寄，瓣香心绪托前贤。"清嘉庆《恩施县志》记载："三国时蜀吴于此分疆，武侯尝至此。"《明史·地理志》载："建始府东南，元属施州，当时施州属蜀，西有石乳山，产麸金，上有石乳关，与湖广施州卫界。"

石乳关又名十二官。这段古道自马驿口到太阳河，全长30公里，上下各15公里，山顶垭口是沿脊梁过关的老奉恩路。垭口公路右侧有新旧界碑：新碑是2008年国务院编号为9的重庆（南）、湖北（北）的汉白玉界碑；旧碑是用青石阴刻的"蜀"（南）、"吴"（北）字样的界碑。

石乳关古（三国时期蜀吴）今（重庆、湖北）界碑

石乳关三国时期蜀吴界碑

石乳关远景 　　　　　　　　　　　　夜幕下的风口（拱桥坪）

地势险要的卡门岩口 　　　　　　　　渝鄂（蜀吴）交界的垭口

（图：田先鸣）

石乳关北山脚下就是远近闻名的马驿口，是古道驿站遗址。曾经的力人背驮100多斤食盐或山货，从两边的山脚驿站出发，爬坡上岭，穿林破雾，经历春夏秋冬，雨雪风霜，负重翻越石乳关。

关隘内，由于驿站、关防鼎盛，加之盐道、商道繁荣，政客、商客云集，所以人气旺，生意好，当地的兴隆就名副其实了。

眼前的马驿口：山，屹立夔关，山口古风犹存，恪守边界；路，古道已经成为遗迹，"蜀、吴"石碑屹立在关口驿道边，一条崭新的柏油大道联通渝鄂，成为湘、鄂、渝、陕的交通命脉；

站,过去的驿站已无任何痕迹了,一座崭新的、集山水林园路于一体的新驿城即将诞生;河,过去的双溪滢带已改道升级,过街穿城,畅入地谷;街,曾经的百米老街已旧貌换新颜。

施夔大道历史悠久,是长江三峡南岸的南北古道之一,是古时官道、商道、兵道、盐道的综合体,更是美不胜收的三峡古盐道活化石,这条"历史的高速公路"将永放光芒。

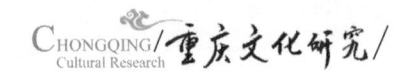

渝东南岁时民俗文化概述

向笔群

（铜仁学院）

岁时民俗是一种极其复杂的社会文化现象，由于节日民俗也是岁时民俗的一种独特表现形式，因此岁时民俗又可称为"岁时节日民俗"。岁即年，古人把一年分为四季，即四时，《礼记·孔子闲居》曰："天有四时，春、秋、冬、夏。"每一季再细分为六个节，四季共二十四个节气。"节"原意指竹节，引申为对岁时的分节，把两个节气相交接的日时定为交节，并转意为节日。土家族和其他民族一样，有自己的岁时民俗。渝东南地区土家族的岁时民俗文化具有鲜明的民族和地域特征。

一、过赶年等

过赶年是土家族特有的年节民俗。土家族比汉族提前一天过年，即月大在腊月二十九过年，月小便在腊月二十八过年，因此叫作"过赶年"。

传说明嘉靖年间，土家族人在年关时接到朝廷赴苏淞协剿倭寇的命令，为不耽误战机，土家族人决定提前一天过年，为抗倭官兵送行。土家族官兵及时赶到前线，战功卓著，荣立"东南第一战功"。后人为了纪念这一很有意义的事件，提前一天过年便成为习俗。也有说为逃避财主年关逼债便悄悄提前一天过年。

过赶年的习俗主要有"打粑粑""做团馓""插柏梅""贴纸""贴门神""吃团年饭""守岁抢年"等。特别是"团年饭"，一定要有甑子饭、蒸肉、合菜。甑子下层蒸的是用小米或米粉子裹的坨子肉。饭一定要蒸很多，因为有很多人一起过年。合菜就是把肉丝、萝卜丝、白菜、海带、粉丝、猪杂等煮在一起，也称"贺菜"，有祝贺打胜仗之意。

土家族过赶年是在汉族大年除夕的头一天。除了过赶年，土家族还过六月年等。传说,古代土家人原住江西一带,因不堪忍受官府、财主的掠夺、欺压,大家约定在农历四月初八开始准备,然后悄悄离开,经过洞庭湖,溯江而上,到达了一个山清水秀的地方。这里有大树可盖吊脚楼,有清泉可酿"苞谷烧"(家制白酒),能够安居乐业。于是,新落居的土家人就决定先过一次年。他们宰牛,祀神,摆手,唱歌。这一天是农历六月二十五,所以就叫"六月年"。与贵州相邻的酉阳、秀山一带的土家族分别在农历三月三、四月十七过年,这是因为明代万历年间土家人奉命出征,班师回朝的日期不一致,所以过年的时间也就不一致。

二、吃刨汤

土家人过年杀年猪的时候，讲究吃刨汤。吃刨汤就是快要过年的时候，主人家宰杀年猪后把肉、内脏、猪血、蔬菜等用一锅煮，邀请亲朋好友围坐在一起享用。杀年猪很讲究，猪必须是自己家喂的粮食猪。杀年猪的日子也要精挑细选，要选"肥日"。杀年猪前，主人家需要准备香纸、板凳、盆子、开水等等，最重要的是要请到一位技术熟练的屠夫，也叫"杀猪匠"。杀猪所用的工具有尖刀、砍刀、刮刨、挺仗等。杀年猪时要一刀毙命，不能复刀，土家人认为这样主人来年才会槽头顺，时运好。

吃刨汤的猪为现杀的粮食猪，菜是自家地里现摘的农家菜，放在大铁锅里，用柴火慢慢炖煮。做出来的肥肉肥而不腻，瘦肉松软可口，蔬菜清甜水嫩……配上一杯清香扑鼻、甘甜芳醇的糯米酒，吃刨汤的日子就在无穷回味中慢悠悠地过去了。

三、打年糕（打过年糍粑）

土家人称打年糕为"打过年糍粑"。打糍粑的步骤为，先将糯米洗净，然后上甑蒸熟，将蒸熟的糯米放入石臼中，两人用木槌擂透，再揉团、压制。女人负责洗糯米、蒸糯米、上黄蜡、揉团、压制，男人负责擂捶。

打糍粑是力气活，一般由年轻力壮的年轻后生担任擂槌手。擂槌是用木头制成的"T"字形工具。土家人有"舞不起打糍粑槌，就娶不了媳妇"之说。打糍粑同时也是一种文化活动,既传递着传统文化,又寄托了一家人对下一年生活的美好祝福,糍粑扯得越长,代表下一年的日子越好。

四、拜年

拜年是中国民间的传统习俗。土家族和其他民族一样,讲究在过年期间走亲戚拜年,而渝东南地区的土家族又有着自己独特的拜年习俗,如有"初一的儿,初二的女,初三初四干儿子"说法,即儿子给长辈拜年的时间是正月初一,女儿是正月初二,干儿干女是正月初三初四。

拜年的礼品有糍粑、面条、酒等，特别是女儿回娘家拜年时一定要给父母送猪肘子，给伯爷送条方（即用红纸封上的猪肉）。拜年还要"打发"，就是晚辈给长辈拜年，长辈一定要"打发"晚辈。有"空手出门，抱财归家"的说法。长辈"打发"晚辈体现了长辈对晚辈的关爱和祝福。

五、土家花灯

正月唱花灯在渝东南地区十分流行，是渝东南岁时民俗的重要内容。渝东南地区的土家花灯，无论是内容还是形式，都与其他地区的土家花灯有一定区别。

土家族历来有"唱歌耕种"的传统，出门就爬坡，开口就唱歌，看到什么就唱什么，想到什么就唱什么。因此，土家花灯灯词涉及范围广，内容十分丰富，具体有以下几个方面。

1. 历史传说

如《唱古人》："五月里来是端阳,桃园结义刘关张,先生诸葛,卧龙岗上,赵云虎将,身保皇娘,百万雄兵无阻挡,怀抱阿斗见君王。"《老十杯酒》："三杯酒,桃花红,白马银枪赵子龙,长坂坡前救阿斗,万马营中称英雄。"《十把扇子重十分》："六把扇子重六分,要唱六郎一个人,统兵元帅杨宗保,大破天门穆桂英。"《二十八宿闹昆阳》从"一人一马一条枪,二人花官斩蔡阳"唱到"十九仁宗不认母,二十八宿闹昆阳"。

2. 爱情倾诉

如《五送郎》："一送郎的帽,耍须两边吊,小郎戴起往外跑,好似那杨宗保。"《红绣鞋》："荷花水面开,春风吹满杯,柳荫树下站着女裙钗,裙钗女手里在做鞋。"《大采花》："正月采花金花放,二人又到采花场,只见蝴蝶,对对成双,二人姊妹,闻听花香,采花要采花榜样,花开四季得久长。"还有《采花调》《小采花》《五更转》《闹五更》《苏州歌》《月调》《打金钗》《望郎歌》等等。

3. 对丑恶现象的鞭挞

如《长工歌》,从正月唱到十二月,把长工的辛酸、老板的刻薄全都唱了出来。《十诉干人苦》《当兵歌》揭露了抓壮丁的情景和穷人所受的虐待和盘剥。

土家花灯经历了堂灯(即在堂屋内表演)—坝灯(即在场坝中表演)—台灯(即在舞台上表演)—台戏(即花灯剧,有场景、人物及故事情节)的发展变化。其中,堂灯历时较长,也是花灯的最初阶段和内容最多的阶段(主要表现形式为二人转或三人表演,如《上茶山》《倒茶》《敬茶》《团茶》《谢茶》《开财门》《贺主人》《打贺喜》《坐堂花灯》等)。

渝东南地区的土家花灯音乐有着浓郁的土家风情和地方特色。尽管不同地域有些许差异，但形式基本上一致。土家花灯音乐曲调分灯调、正调、杂调、小调等四大类。土家花灯音乐的伴奏乐器有马锣、大锣、二胡、月琴、三弦、鼓等。常用的锣鼓曲牌有"单打五""双打五""凤点头""鹰拍翅"等。

六、牛王节

土家族与苗族、仡佬族一样，每年都过牛王节。土家人用这种方式感谢牛的辛勤付出。牛王节选择四月初七、四月初八、四月十七、四月十八等不同的日子，因地区而异。过牛王节时，土家人会举办牛王会，唱牛王戏。家里有牛的，还会在节日前一天将牛清洗干净，装扮一番。

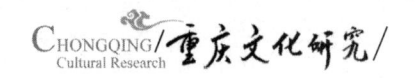

七、六月六

渝东南地区的土家族和其他地区的土家族一样,有六月六的民俗,但内容和形式截然不同:既不像湘西的土家族"敬太阳神",也不像利川、龙山等地的土家族每年六月六燃烧香烛"烧黑神",更不像鄂西清江流域的土家族称每年六月六为向王节。当地民谚曰:"六月六,晒衣服!"因为渝东南地区夏天湿气较重,放了一冬的衣服会潮湿,所以要在农历六月六晒衣服,这样衣服才不会发霉,也不会生虫。

闫永霞
——用针线"透视"斑斓世界

刘雨鑫、王诗雨、凌艺菲
(西南政法大学)

描线稿、架底布、选绣线、分线、排色,穿针引线,上下交错;在一针一线的交错勾勒中迸发出活力与立体感;从局部到整体,从杂乱无章到清晰明了,这便是乱针绣给人的第一印象。

作为重庆市级非遗项目沙磁乱针绣第三代传承人,闫永霞师承重庆市工艺美术大师杨世华。她从小就开始拿针捏线,在30年间,一笔一画、一针一线地将乱针绣描绘成了自己的人生主题。

与针线结缘

据闫永霞回忆,她与针线的故事始于7岁那年。

童年时期,闫永霞的母亲靠做老虎鞋、绣花鞋等补贴家用。每次母亲一开工,年幼的闫永霞就趴在桌子上,观察母亲手中来回穿梭的针线,并学着母亲的样子比画。母亲看她颇有兴趣,便给她一根针,一块布。于是,闫永霞便照着老虎鞋上的虎头开始绣起来,在那一坐就是几个小时。母亲见闫永霞乐在其中,便默许她成为自己的小帮手。

自此以后,每天放学,闫永霞就端着一条小板凳坐在母亲身边,将一只只老虎绣到婴儿鞋上,从笨拙到熟练。殊不知,这一双双老虎鞋就是她与刺绣故事的开端。

高中毕业后,闫永霞听从家里的建议,成为四川省煤田地质局一三六队的一名临时工,后来又跟随地质队从四川邻水搬迁到了重庆(重庆一三六地质队)。1999年,20岁的闫永霞与罗守军在重庆结为夫妻。罗守军的祖母和曾祖母都曾从事刺绣工作。20世纪40年代,罗守军的祖母给曾祖母绘制花稿时自制了一本绣花图册。婚后的闫永霞,常常跟着丈夫的祖母做一些刺绣小件。见闫永霞绣得精巧又颇有灵性,祖母便将这本"传家宝"赠予她。从那时起,闫永霞对刺绣的热爱就像一颗种子,在心里扎根发芽。

闫永霞在工作之余,会翻看祖母留给她的绣花图册,在绣布上反复练习。

深耕刺绣事业

2008年,罗守军去成都出差,在街上偶然看到了蜀绣绣坊。他走进绣坊,看着绣布上的花鸟山川,若有所思:自己家也是做刺绣的,妻子又热衷于此,能否将其当作事业传承下来呢?在丈夫的提议下,闫永霞决定一试。于是,罗守军带着闫永霞拜访了蜀绣大师郝淑萍。闫永霞的作品得到了郝淑萍的肯定,当即就答应收她为徒。

之后,闫永霞做出了她人生中最重要的一个决定:辞掉工作,到成都系统地学习刺绣。当时的闫永霞夫妇已经育有一个7岁的孩子,辞职对于这个家庭来说,意味着家中要减少一半的收入,以及闫永霞在未来很长一段时间内都无法陪伴孩子。

刺绣这条路是明是暗,彼时的她也无法断言。但是在家人的鼓励和支持下,闫永霞正式踏上了成都的学习之旅。

为了集中精力学习刺绣技艺,闫永霞在成都租了一个小房子,早出晚归,一整天都跟着郝淑萍学习。闫永霞认为,想要掌握以细腻平整著称的蜀绣,需要有扎实的刺绣基础。虽然她从小接触刺绣,但没有接受过正统训练和学习,需要学习的技巧和手法还有很多。为了打牢基础,闫永霞常常在工作室一待就是10个小时。

在和郝淑萍学艺期间,闫永霞掌握了蜀绣基础针法,学习了蜀绣相关术语、刺绣技巧、色彩过渡、细腻度等方面的知识,提升了艺术欣赏水平。很快,凭借自己的天赋和努力,闫永霞的绣技得到了师父郝淑萍的认可。

在川渝地区,蜀绣一直是刺绣浪潮中的主流。作为中国刺绣传承时间最长的绣种之一,蜀绣以其明丽清秀的色彩和精湛细腻的针法形成了自身的独特韵味,丰富程度居四大名绣之首。与之相比,乱针绣就鲜少有人问津。而乱针绣技法复杂,需要绣娘将绣理和画理相结合,因此,学徒中能坚持下来并出成果的人少之又少。

郝淑萍见闫永霞绣艺精湛,学习能力强,是一个学习乱针绣的好苗子,便建议她接触一下乱针绣。经同门师姐柳瑞平介绍,闫永霞认识了重庆市乱针绣的第二代传承人杨世华,时年85岁的杨世华收下了这名年轻的弟子。

为了把乱针绣这门手艺传承下去,杨世华夫妇专门把自家的客厅腾出来作为教室,免费向爱好者教授乱针绣技艺和绘画理论。

对学生,杨世华是既严厉又温柔。她对每一个弟子的针法、技巧要求严格,对每一幅作品认真负责。当弟子们苦苦摸索不到门道时,杨世华不会旁观责备,而是温柔地指导。

不同于蜀绣的细腻平整,乱针绣是乱中有形的。因此,在刚接触乱针绣时,闫永霞一时还无法从蜀绣的针法中切换过来。据闫永霞回忆,她当时就是"乱"不起来,乱针绣着绣着就变成了蜀绣的平齐针法了。杨世华看在眼里,但却没有过多说教,只是告诉闫永霞,不要怕乱,引导她从蜀绣里勇敢"跳"出来。在杨世华的耐心引导下,闫永霞取得了飞速进步。

多年的刺绣经验和扎实的蜀绣功底,让闫永霞从一众弟子中脱颖而出,成为杨世华最满意的关门弟子。《五牛图》是闫永霞和杨世华合绣的第一幅乱针绣作品,杨世华绣了其中两头牛,而剩下的三头牛均由闫永霞完成。2009年,《五牛图》在重庆市第二届工艺美术展览会上获得了银奖。

2011年,闫永霞在磁器口古镇开设了沙磁乱针绣坊,并招收学徒、宣传乱针绣。2012年,在重庆磁器口古镇管委会的支持下,绣坊正式落户磁器口正街29号。

除了售卖绣品,闫永霞还在店里现场授学,欢迎各行各业的人来体验巴渝绣文化。她带领团队进行精品刺绣,绣制的作品在重庆或全国的工艺品展览上荣获多项大奖。慢慢地,闫永霞和她的乱针绣在重庆逐渐有了影响力和知名度。

2019年,沙磁乱针绣被列入重庆市第六批市级非物质文化遗产代表性项目名录,闫永霞被评为该项目的市级传承人。

绣布上的巴渝风情

闫永霞在继承传统手艺的基础上赋予了乱针绣以更多的现代元素。比如,在绣品题材上,闫永霞加入了具有重庆本地特色的山茶花、吊脚楼等元素,赋予了乱针绣以巴渝色彩;在绣法上,同一绣品常常融合蜀绣与乱针绣两种绣法,将饱满与虚实光影相结合,力图让作品迸发出更多生机与活力。

2011年,闫永霞在重庆中国三峡博物馆结识了正在举办个人展览的重庆著名油画家彭享华老师。彭老师对闫永霞的乱针绣作品表现出的油画效果颇感兴趣,并允许她可以采用乱针绣技法再创作自己的作品,还送了她一本画册。闫永霞经常拿出画册欣赏里面的作品,对作品的熟悉程度日益增加。

2019年，闫永霞开始尝试采用乱针绣技法创作自己最熟悉的三幅作品《金银满农家》《金色的家园》《春到山乡鸭先知》，组成"梦回田园"系列。

在二次创作时，首先需要拓稿，即把图案拓在真丝布料上，再根据原稿选择丝线进行配色。因原作品颜色丰富，总共选择了200多种颜色的丝线。配色完成后就是绣制。这个阶段最需要耐心，早已对画面排布了若指掌的闫永霞，绣制起来得心应手。最终，花费接近两年的时间，闫永霞完成了这一系列作品。

三幅作品绣制完成后，闫永霞将其装裱后挂在自己的工作室，吸引了众多艺术爱好者前来拍照打卡。

闫永霞的作品《金银满农家》，2021年入选"百年百艺·薪火相传"中国传统工艺邀请展重点推介展品；2022年在中国工艺美术馆举办的"第三届中国好手艺展"进行展览，并被重庆中国三峡博物馆永久收藏。

闫永霞偏爱那些能够体现巴渝特色的题材。比如，体现重庆田园特色的作品《夏韵》绣的就是重庆的丝瓜。与外地丝瓜表皮光滑不同，重庆本地丝瓜布满了横向的褶皱。为了能更加生动地呈现丝瓜上深浅不一的纹路，闫永霞下了很大的功夫。起初，根据过往经验，闫永霞采用了传统绣法，但结果却不尽如人意，绣出来的丝瓜模样扁平，没有立体感。无奈之下，闫永霞只得去请教作画者董泽雄。在与董泽雄的探讨中不断摸索和尝试，最终闫永霞选择了乱针绣，通过交叉线条和频繁换线，营造出强烈的视觉效果，增强丝瓜的立体感。

细看乱针绣的针脚，长短不一、颜色各异的绣线层层叠叠交错在一起，产生了一种凌乱感；把视线放远之后，会发现这些凌乱的针脚每一个都乱得符合情理且恰到好处，组合在一起便成了清晰的、光影重叠的完整图案。乱针绣的表现手法就好似油画中的印象派，从局部看让人不明所以，从整体看便清晰可见，局部服务于整体。

这是因为乱针绣结合了西洋画的绘画技巧,着重于明暗面、虚实感的勾勒。在绣制时,一般会绣三层:第一层做铺色,按照绣稿的轮廓线和色块满绣一层底色;第二层做细,也就是在第一层的基础之上加深或勾勒某个色块,每做一处,都要顾及整体与局部间的关系;第三层进行精细的艺术加工,重点是刺出线条的变化,光线和色彩的变化,这一层也是体现绣者思想感情的关键,或活泼,或浓烈,或伤感,都能通过不同绣线表达出来。

2022年,《夏韵》入选了中国民间文艺山花奖初筛,参加了第六届东方工艺美术之都博览会。

2021年,闫永霞与儿子合作绣制的《山茶花和亚麻花》由重庆市人民政府赠送给白俄罗斯驻重庆总领事馆。

除了练就过硬的"手上功夫",闫永霞对于理论的钻研也丝毫不松懈。罗守军酷爱收集书籍画册,甚至在家中设立了刺绣书屋,藏书多达3000册。对于绣理,闫永霞付出了超越常人的努力,她学会了虚实乱针绣、细乱针等多种新针法。

乱针绣的传承迭代

在教授技艺时,闫永霞从不有所保留。她常说,希望更多人能够通过她这个"窗口",了解乱针绣,学习乱针绣。非遗应该让更多人熟知,而不是仅仅局限在传承人手中,因为只有这样才能让乱针绣在世代流传中"活"下去。

从2015年至今,闫永霞每周都会到重庆市沙坪坝区滨江小学、重庆市璧山区文风小学上刺绣课,希望通过刺绣课,让孩子们了解刺绣这种传统文化,感受国粹的内涵和魅力,累计教授学生近700名。不止于校园,闫永霞还把刺绣技艺带进了街道和社区,累计培训了近500名学员,部分学员在提升技艺后加入了刺绣队伍。其中,能够熟练掌握乱针绣并且能绣制作品的有122位。

闫永霞创办的重庆市永霞工艺品有限公司被评为重庆市非遗传习所、巴渝巾帼产业示范基地。公司成立至今,累计培训了1000多名刺绣学员,目前已经形成了一支由50名技艺精湛的绣娘组成的刺绣队伍。

除了教授学徒外,闫永霞的店中常会有游客,有的因为对店内的针线活感兴趣,所以进来一试。对于小朋友来说,学习刺绣可以培养定力和专注力;对于成年人来说,学习刺绣可以修身养性。

时至今日,不管多忙,闫永霞仍然坚持每天至少绣两个小时。

2023年，闫永霞和罗泽霖母子俩参与"绣美巴蜀——成渝双城蜀绣展"，并且参与拍摄了《和传承人一起看展》等微视频作品。

非物质文化遗产在过去主要是通过口传心授的方式进行传承，这种方式面向的受众范围小，技艺容易失传。因此，闫永霞想到了新的传播之路，一方面通过线下店面推广的方式，在绣坊架起绣绷，让路过的人能够免费体验刺绣；另一方面，不断尝试将乱针绣和蜀绣与生活用品相结合，开发了刺绣糖果盒、首饰盒、笔筒等生活用品，让非遗走进生活，让非遗真正"活"起来。

从在重庆举办抗战画展到东方之笔的张大千

胡平原
(重庆市人民政府文史研究馆)

敦煌石窟艺术是中华文化的瑰宝,是世界文化的瑰宝。1941年,国画大师张大千率领学生及家人,西出嘉峪,面壁敦煌,潜心研究石窟瑰宝,在汲取文化艺术的精华后,创作出传奇作品,获得巨大的国际声誉,被西方艺坛赞为"东方之笔"。同时,在中国被誉为"五百年来第一人"。

重庆两次抗战募捐展览,贡献自己的力量

张大千,原名正权,后改名爰,字季爰,号大千。与齐白石、溥心畬齐名,并称为"南张北齐"和"南张北溥"。1899年5月10日出生于四川内江一个书香门第家庭。母亲曾友贞是远近闻名的"张画花"。张大千自幼随母亲习画。日复一日,月复一月,年复一年,张大千逐渐掌握绘画的基本技法,醉心于绘画。在此期间,他还向仲兄善子学习画走兽,向大姐琼枝学习花卉画技,向四哥文修学习诗词和写楷书蒙帖。

20世纪初,张大千到松江禅定寺当了一百天的和尚,与佛结缘,练就修心,对创作绘画有一定帮助。在上海滩书画市场上掀起他仿摹石涛画的风波,以假乱真,骗过高人。这些故事为张大千的人生历程,涂上了一层戏剧性的色彩。

1925年,张大千在上海宁波同乡会馆举行第一次个人画展,初步走上了专业画家的道路,并以自己的优秀作品逐渐在画坛上占据一席之地。

1929年4月,张大千以两幅作品参加第一届全国美术展览,并被推选为第一届全国美术展览会干事会员。

1931年,张大千又被推举为中国古代名画展览代表,赴日本参加国际画展。

1932年,徐悲鸿在张大千《自画像》上题诗赞道:"其画若冰雪,其髯独森严。横笔行天

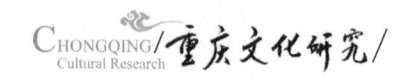

下,奇哉张大千!"

1936年,在南京中大任艺术系主任的徐悲鸿聘请张大千任艺术系中国画教授。张大千推辞道:"我不会讲课,只会画画。"徐悲鸿说:"我就是要请你去教画。"课余时间,徐悲鸿曾请张大千到家里鉴赏自己收藏的名贵字画,他俩因画而成为莫逆之交。

1937年抗日战争全面爆发后,张大千被困于北平。

1938年5月,张大千回到四川。同年10月,在重庆举办了"张善子、张大千兄弟近作画展"。这次画展展出了百余幅作品,画展不出售门票、不出售作品,任人观赏,是为了鼓舞人们的抗战士气,激发人们的爱国情感而举办的。

1938年10月,张大千又与晏济元在重庆联合举办抗日募捐画展。这次共展出山水、人物、花鸟、走兽等作品80余幅,收入全部捐给难民救济机构。

两次抗战展览,轰动中国画坛,激起大批中国画家拿起手中的画笔,为抗战而画,为抗战而奋斗。

潜心研究敦煌石窟艺术,吸收敦煌壁画艺术精华

白杨千树,流水绕林,是千百年来之灵岩静域也。求所谓六朝隋唐之古迹,乃人类于寻梦石室。珍奇的石室宝库,使张大千怦然荡心。

在敦煌期间,张大千给洞穴编了号,即"张氏编号";考察了壁画历史,创作年代和风格,画中人物的身世、家族、姻亲等关系,变色的原因,等等。在此基础上,他开始临摹壁画,使残缺者完整,变色者复原。在这一过程中,他得到了夏吾才郎等人的帮助。他还一度离开莫高窟,前往人迹罕至的万佛峡(又名榆林窟)、水峡口考察临摹。

在此期间,他战胜了水土不服、风沙严寒、经费紧缺、土匪骚扰、不被理解、遭人诬陷等重重困难,最终取得了丰硕成果。他和学生们共临摹276幅壁画,大者十余丈,小者数尺,并完成了20万字的《敦煌石室记》。

现将张大千讲稿中关于敦煌壁画对于画坛的十大影响摘录于下[1]:

第一,佛像、人像画的抬头。……到了敦煌佛像人像被发现之后,这一下子才知道古人所注意的,最初还是人物,而不是山水。况且(这些)又是六代三唐名家高手的作品,这一下子才把人像画的地位提高,将人物画的本来价值恢复。因为眼前摆下了许多名迹,这才使

---

[1] 张大千:《张大千画学精义》,上海人民美术出版社,2017年,第146—150页。

人们的耳目视听为之一新,才不敢轻诋人物画,至少使人物画的地位,和山水画并峙画坛。

第二,线条的被重视。……所以一直到敦煌佛像发现以后,他们那种线条的劲秀绝伦,简直和画家所说的"铁画银钩"一般,这又是证明敦煌的画壁,如果不是善书的人,线条绝对不会画得如此的好。而画人像、佛像最重要的便是线条,这可以说是离不开的。所以自从佛像恢复从前的画坛地位以后,这线条画也就同时复活了。

第三,勾染方法的复古。……我们试看敦煌壁画,不管是哪一个朝代,哪一派作风,但他们总是用重颜料,即是矿物质原料,而不用植物性的颜料。他们认为这是垂之久远要经过若干千年的东西,所以对于设色绝不草率。并且上色还不止一次,必定在二三次以上,这才使画的颜色,厚上加厚,美上加美。而他们勾勒的方法,是先在壁上起稿时描一道,到全部画好了,这初时所描线条,已经被颜色所掩盖看不见,必须再在颜色上描一道,也就是完成工作的最后一道描。唐画起首的一道描,往往有草率的,第二道描将一切部位改正,但在最后一道描,却都很精妙地全神点出。而且在部位等方面,这最后一道描与第二道描,有时也不免有出入。壁画是集体的制作,在这里看出,高手的作家,经常是作决定性的最后一描! 有了这种勾染方法。所以才会产生这敦煌崇高的艺术,所以我们画坛也因此学会古代勾染的方法了。

第四,使画坛的小巧作风变为伟大。我们古代的画从画壁开始,然后转到卷轴上去。以壁来论,总是寻丈或若干丈的局面,不管所画的是人物是故事,这种场面是够伟大的……

第五,把画坛的苟简之风变为精密了。……我们看了敦煌壁画,不只佛像衣榻华饰,处处都极经意,而出行图、经变图那些人物、器具、车马的繁盛,如果不用细工夫,哪能体会得出来? 看了壁画,才知道古人心思的周密,精神的圆到,而对于艺术的真实,不惜工夫,不惜工本,不厌求详的精密的态度,真值得后人警省。杜工部不是有"五日画一水,十日画一石"的诗句么,画家何以画水画石,要这许多工夫? 这就是表示画家矜慎不肯苟且的作风。所以我说有了敦煌壁画的精巧缜密,这才挽救了中国画坛苟且的风气。

第六,对画佛与菩萨像有了精确的认识。……但在敦煌壁画发现以后,这才给我们以佛、菩萨及各种飞天、夜叉的真像,我们才晓得观世音菩萨在古代是男像,是有胡须的,不只是后来画一绝美女人,便指以为是观世音菩萨……

第七,女人都变为健美。……到了敦煌画面世,所有画的女人,无论是近事女、供养人或国夫人、后妃之属,大半是丰腴的、健美的、高大的……

第八，有关史实的画走向写实的路上去了。……我们看敦煌壁画，在初期六朝时期，华夷杂处，窄袖短衣，人多胡服。又唐人多用昆仑奴，而画里富贵人家的侍从，总有一碧眼大汉，高鼻深目，很像洋人，大概即是昆仑山脉下西域诸国的人。北魏妇女多披大衣，有反领和皮领，又披肩和围巾，式样简直如近代时髦装束。所有近代所用的手杖及推儿车，唐朝也多。如果他们不是写实，我们又何从知道古代的风俗装束呢？我们今天的绘画，也是要使后来一千几百年后的人，知道我们现在的一切制度装束。所以敦煌壁画给我们写实的启示，也是很值得去学的。

第九，写佛画却要超现实来适合本国人的口味了。上面我们不是说过，写史实风俗一切是要照当时描写么，至于画佛像画，在敦煌壁画里，又适得其反。……这就表明：凡画佛教的佛像和附带的图案画等等，不必与现实相似，最要紧的是超物的观念，合于本国人视听的写法，才是最成功的！

第十，西洋画不足以骇倒我国的画坛了。在图画的基本上讲来，我想无论古今中外，总有一个共同的原则，那就是"物极必反"。这话怎么讲呢？那便是最初的画，一定是简单的，后来渐渐的复杂，到了复杂之极，又要趋于简单，但这第二个简单所包含的意味，便不同于第一次的。最初我们总要刻意画得像实物，太像了，我们又要把它画得不太像，或者几笔简单的笔意，而控制或代表复杂的景物。前者是写实，后者便是所谓写意。写意写到太过笔简，人们以为不够味，又会回到写实上面去。这就如春夏秋冬四时的循环，并没有什么高下、是非、好坏，只是相继相代，去旧务新的办法。但经过若干年之后，也许我们以为极新的，哪知却是极旧的；以为是外国人所独创的，哪知道就是中国古代几千年前便有而后来被暂时扬弃的！

重庆展出临摹壁画，造就世界"东方之笔"

甘肃敦煌之行后，张大千画风大变，画技渐精。他创作了《青绿山水图》《洗砚图》《临唐壁画》《摹北魏画马图》《采莲图》《蕉荫仕女》《舞带当风》等作品，风格新颖。其中，山水画由以前的清新澹泊变为宏大广阔，更加重视渲染，喜用复笔重色，特别是层峦叠嶂的大幅山水画，丰厚浓重，金碧辉煌。仕女画行笔敦厚，体型健美，个性突出。荷花画吸收了佛教壁画莲台花瓣精美的造型和流畅的线条。

1944年5月，"张大千临摹敦煌壁画展览"在重庆举办。此次展场布置考究，震动了重庆社会各界。徐悲鸿、柳亚子、叶圣陶、黄君璧等前往观看。观看之后,徐悲鸿特意在重庆市白玫瑰餐厅设宴,祝贺张大千的临摹敦煌画展取得圆满成功。

当时,全国各地大量人员聚集在陪都重庆。在抗日救亡面前,大家清醒地认识到,如果中华民族没有了自己民族的传统文化,那么全国人民就会缺乏民族精神,丧失凝聚力,失去民族团结的基础。张大千为抗战时期中国的美术发展贡献了自己的力量。

1947年,张大千与友人一起游历西康山水。当他看到四个藏族姑娘翩翩起舞、笑脸盈盈时,顿生灵感挥笔作画《跳锅庄》,并在画上题诗:"金勒飞红袖,银尊舞白题。春醪愁易尽,凉月任教西。"

张大千认为这次西康之行,获益良多,并作诗曰:"老夫足迹半天下,北游溟渤西西夏。南北东西无此奇,月悸心惊敢书写。"

张大千曾为毛主席精心绘制了一幅《荷花图》。画高132厘米,宽64.7厘米,张大千工整的落款为:"润之先生法家雅正。己丑二月,大千张爰。"画面茂荷两叶,白莲一朵掩映于荷影之中,给人一种生机盎然、万象更新之感觉。全画构图饱满而疏密有致,浓淡有韵,为大千无数荷花画中上乘之作。

1950年,张大千在印度阿旃陀石窟临摹壁画三个月,考其与敦煌壁画的异同,探其源流,以解决自20世纪40年代初就悬而未决的一桩疑案。临摹考察后,他认为:敦煌的艺术绝不是模仿来的。这一观点,正好与我国一大批敦煌学者经过长期考察研究所得出的结论是完全一致的。

1953年,他赠巴黎市政厅12幅作品。

1954年,他在美国举办个人画展。

1955年,《大风堂名迹》在日本出版。同年12月,在东京举办张大千书画展。法国著名美术评论家撰文评论说:"批评家与爱好艺术者及汉学家,皆认为张大千画法,变化多端,造型技术深堪,颜色时时革新,感觉极为灵敏。他在接受中国传统下,又有独特的风格,他的画与西方画风对照,唯有毕加索堪与比拟。"[1]

1956年夏,张大千在法国尼斯港与毕加索晤面。此举被西方媒体誉为"中西画坛巨子的历史性的会见"。

张大千在《毕加索晚期创作展序言》里谈了自己对毕加索艺术的看法:"毕氏之作,见于

---

[1] 四川省政协文史资料研究委员会,四川省文史馆:《四川近现代文化人物续编》,四川人民出版社,1989年,第421页。

画肆者,与传统西画有异,而其思想内容,实亦基于西方。早期所倡立体主义,乃循塞尚之立论从事理性创作,而吸取黑人雕刻之犷野,突破写实之约束,不过强化其表现而已。其后,立体主义已为欧西现代艺术之里程碑,其影响于后进而导致新风者,固无伦矣,而毕氏颇不以此自矜,日以新构想以试新创作,一变再变,乃至千变万化,曾无稍懈。"[1]

1968年,张大千完成了巨幅长卷《长江万里图》。这幅长卷高53.2厘米,长1979.5厘米。为了表现连绵不绝的青山绿水,他使用了以墨为导,墨色交融,糅大小青绿于一纸的技艺;为绘出万里山河的辽阔宏伟,他使用了大泼墨大泼彩技法;为了再现锦绣河山的万千气象,他不拘于青绿之法,在凝练的皴擦中又施展泼墨泼彩,甚至西画的用光用色。构图浑然一体,以山造型,以水行韵,疏密、聚散、开合、轻重、虚实有致,富于音乐的节奏感和墨色的韵味,具有震撼人心的艺术魅力。

1981年,四川省内江市编史修志委员会托人赠送张大千家乡蜜饯,他见物思乡,不禁大恸,为《内江市志》《内江县志》题写书名。

去世前,张大千创作了巨幅山水《庐山图》。这幅作品高178.5厘米,长994.6厘米。在创作这幅画的过程中,他几次生病住院,直到1983年春节前夕才基本完成。张大千原准备在这幅山势遥远、云气横锁的画上增添田庐房舍,多一些人间烟火味,可惜他未能如愿以偿,这幅画最终竟成了他的绝笔。

1983年4月2日,中国著名国画大师张大千溘然仙逝,享年84岁。张大千虽离人们而去,但他那锲而不舍和不断创新的精神却永远留给了我们!

如今,人们为了纪念这位"东方之笔",在不同的地方修建了张大千纪念馆、博物馆、美术馆等。特别是张大千的家乡四川内江,修建了张大千博物馆。该馆由西班牙艺术家Benedetta Tagliabue和建筑设计事务所EMBT打造,建筑面积2778平方米,有5个展厅、1个报告厅,以及多媒体信息区和休闲平台。博物馆的设计糅合了东西方文化元素,以张大千的梅花图布局建筑形态,以写意和抽象线条勾勒外形,给人以视觉冲击和艺术享受。博物馆内由玻璃廊桥连接5个展厅,分别是南张北溥、面壁敦煌、东张西毕、艺坛宗师、大千世界,多角度展现了张大千的艺术人生与辉煌成就。

开馆展览定为"五百年来第一人"——张大千诞辰120周年纪念大展。精选了张大千书画真迹60件和文献资料40余件,其中一半以上作品首次亮相"大千故里"。如,由程宇平家

---

[1] 张大千:《张大千艺术随笔》,上海文艺出版社,2001年,第138—139页。

人捐赠的张大千书法《君之乡里吾邻里》和国画《寿桃图》。博物馆陈列布展主设计师李海俊说，布展颠覆传统的展陈理念，最大程度利用建筑的独特形态，结合声光电网等现代科技手段，让展览充满动感及梦幻效果。

2019年5月，由四川省内江市市中区委宣传部、内江市市中区文广旅局、芭蕉井展览馆主办的纪念张大千诞辰120周年书画展暨内江兰亭节开幕式在芭蕉井展览馆举行，参观者熙熙攘攘，络绎不绝。

艺苑

《静静的田园》 油画 李一夫（重庆）

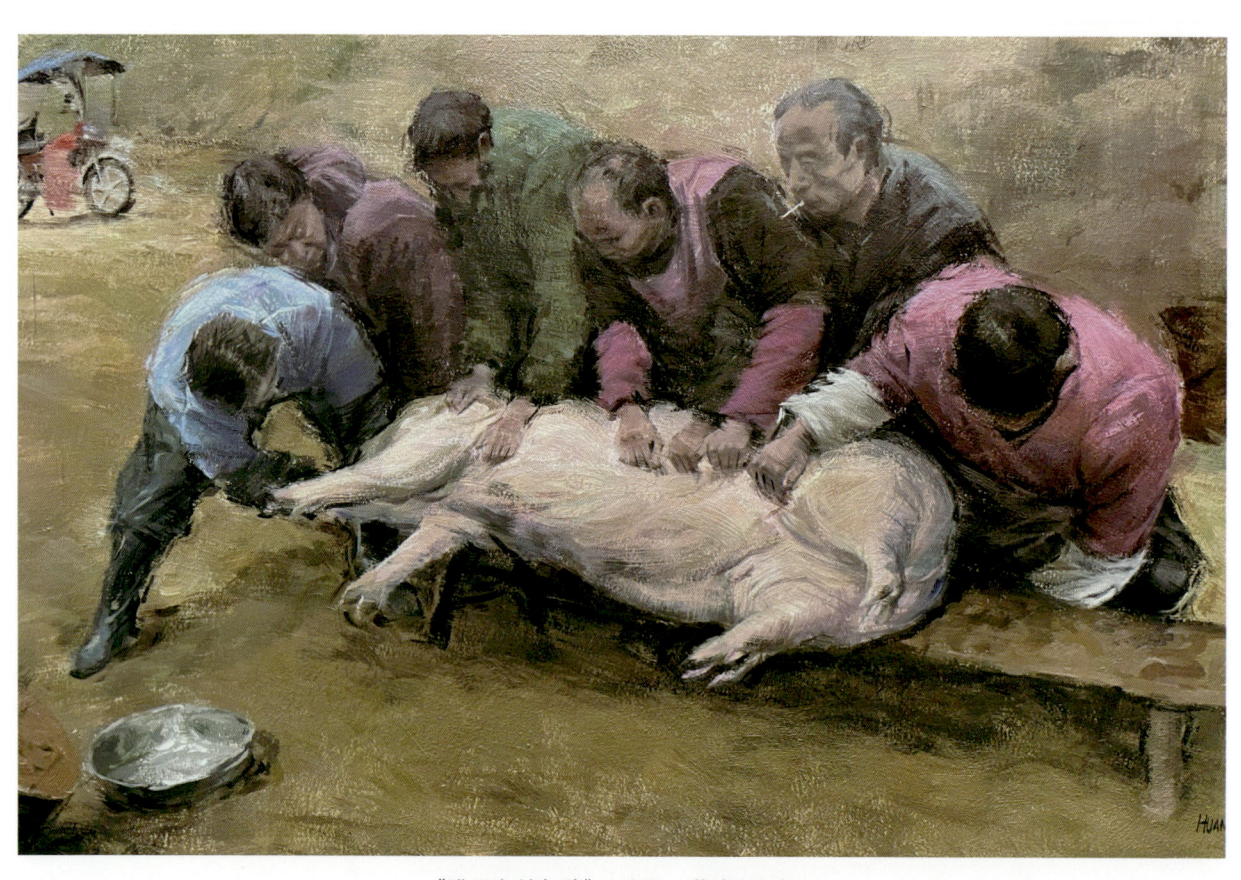

《腊月之杀年猪》 油画 黄睿（重庆）

《涞滩古韵》 纸本水墨 李彦锋(重庆)

《浓淡茶韵满蜀乡》 油画 何林翔（四川）

《戏说金山下》 油画 徐腾杰（浙江）

《新时代》 中国画 石维念（重庆）

《"语言的边界"系列之二》 油画 蒋远翼(浙江)

《家园》 中国画 罗礼明（重庆）

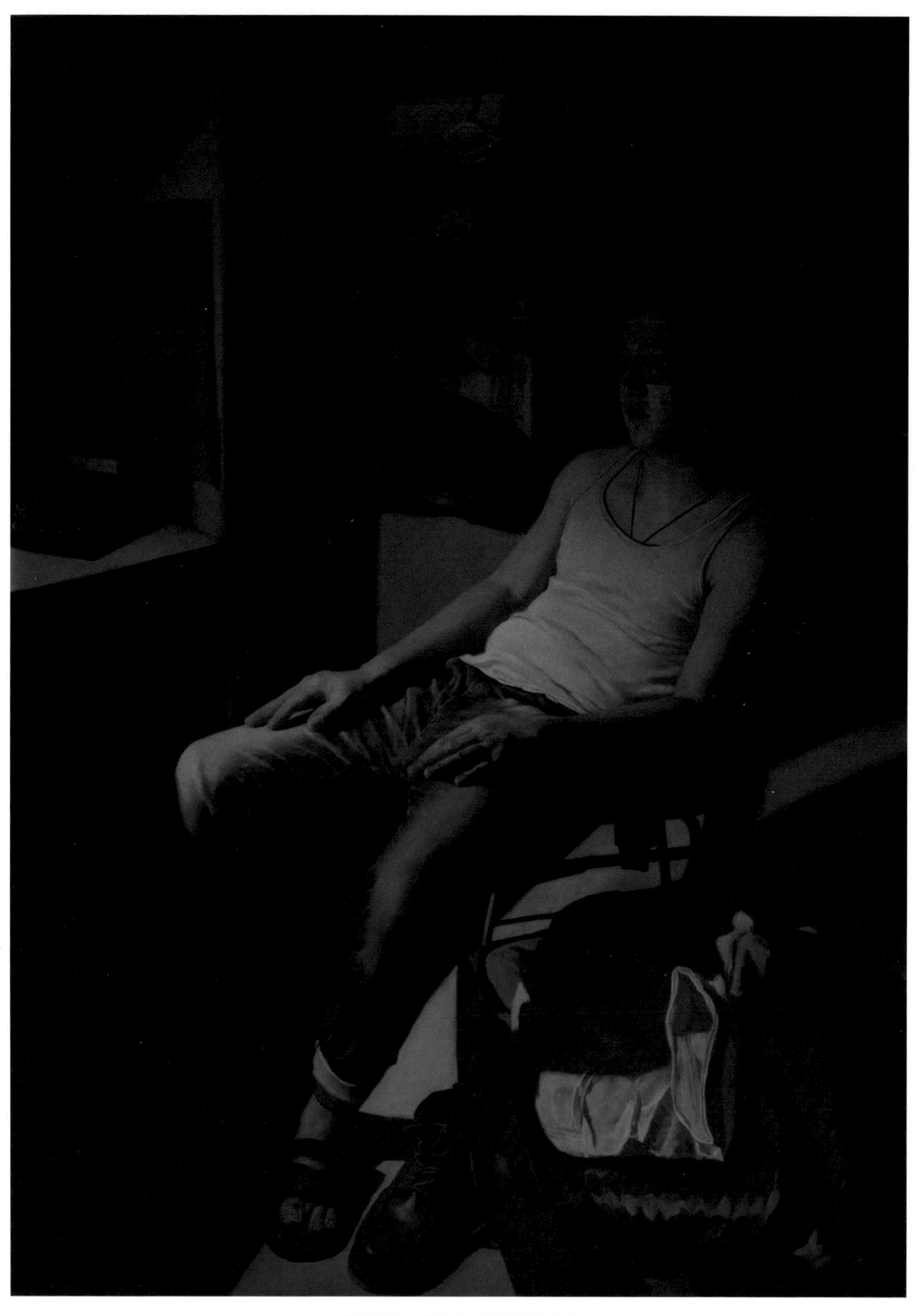

《静夜》 油画 王群（重庆）

《山翠恒若》 中国画 杨婿（重庆）

《石窟印象之五》 综合材料 范江红（湖北）

《所有的日子，只关乎我和你》 油画 吕洪樑（上海）

长江母亲
——读《长江文明》笔记

刘德奉

由冯天瑜、马志亮、丁援所著的《长江文明》,是一部全面而系统地介绍长江的学术著作,对长江的自然地理、历史人文、开发利用等方面进行了宏观描述,以及对比性分析,让我们对长江这条中华民族母亲河有了一个完整的、清晰的、客观的认识。

读完此书,我生发出一种深刻的感受:长江这条母亲河的伟大、历史进程的波澜壮阔,让中华民族的子孙为之自豪;中华民族拥有这条大河是多么幸运,在世界四大文明古国中,只有中华文明从未中断,一直传承到今天,这与长江、黄河所提供的自然地理环境,所孕育的人文精神紧密相关;让中华民族在长江、黄河以及其他江河流域发展起来、壮大起来,这是我们利用大江大河的伟大智慧、伟大创造,以及不屈奋斗的结果;长江母亲河经历了无数苦难,水土流失,水体污染,植被损坏,河道更改,生物多样性减少,这些都让我们敬爱的"母亲"体弱多病,作为她的子孙我们为之心痛;保护这条母亲河是我们义不容辞的责任,要坚持"共抓大保护,不搞大开发"。通过文字,向世界传播母亲河的伟大精神,和她孕育的中华民族,这是给母亲河的一份小小礼物。

对于长江母亲河,归纳起来,我认为她具有三大特性:伟岸的身躯,伟大的赐予,伟大的灵魂。

一、伟岸的身躯

长江从青藏高原唐古拉山的各拉丹冬雪山出发,奔流6300多公里,一路向东注入东海,流域面积约占我国陆地总面积的1/5,是世界第三长河。

长江是一条巨大的河,按照地理环境和海拔高低,我们把高山峡谷地区的河段称为上游,把江汉平原地区的河段称为中游,把江南水乡地区的河段称为下游。

长江是一个站立在地球上的伟大"母亲",因为除了主干之外,还有雅砻江、岷江、嘉陵江、乌江、汉江、沅江、湘江、赣江八大主要支流,有洞庭湖、鄱阳湖、巢湖、太湖四大淡水湖,以及7000多条支流,100多个10平方公里以上的湖泊。长江流域是我国水网密布、雨量充沛、温暖湿润,适合万物生长和人类生存的人间福地。

长江,这位伟大的"母亲"真可谓万世无疆。她以2.4亿年前的海水为腹胎,以1.95亿年前印支造山运动为孕育,直到120万年前才渐次诞生。生命孕育之久长,养育中华之年轻,正是风华之时。

长江是伟大的,生命是久长的。然而,人们却是后知后觉的。对她到底从哪里来的认识经历了漫长的过程。三四千年前,我们把汉江认作长江之源;两三千年前,我们把岷江认作长江之源;2000多年前,我们把金沙江认作长江之源;300多年前,才有了真正意义上的第一次由国家组织的长江源头考察,随后又组织了一系列的考察活动,但仍有"唐古拉山""巴颜喀拉""南北二源""南北中三源"等说法;新中国成立后,我国于1976年、1978年先后组织了江源考察。到1987年,正式确认长江干流分别以沱沱河为源,全长6397公里;以当曲河为源,全长6403公里;以楚玛尔河为源,全长6288公里。对长江之源的认识,是对长江本体认识的核心,虽然走过一些弯路,但总是在接近科学,这体现了中华民族对母亲河的态度。同时,这也说明,长江之源的认识是一个实践过程。

二、伟大的赐予

世间万物都有自己的存在方式,任何生命都能在适宜的条件下孕育生长。而最适宜人类生存的区域当是地球北纬30度及附近,因为这里有充沛的水热条件,特别是在人类社会的原始时期,优越的自然环境是人类孕育、生存、发展的重要基础。所以,北纬30度及附近诞生了四大文明古国,这是人类文明集聚区的代表。由此可以往史前推论,甚至有很多考古可以证明,这里也是人类早期的生发地、集聚地。正如专家所言,这是一条"人类文明发生线"。而长江恰好就处于这条发生线上,中华民族的母亲河长江、黄河都处于这条发生线上。

天之赐,地之造。长江处于北纬30度,中华民族先天就有温暖舒适的摇篮。长江流域雨量充沛,气候适宜,为人类繁衍生息提供了优越的自然条件。所以,从远古到现在的人们,都充分享受着自然界所赠予的一切,都努力地开发利用着这里的丰富资源;所以,这里是世界稻作的发源地,丝绸的发源地,茶叶的发源地,生漆的发源地,干栏式建筑的发源地,舟楫文化的发源地。

在北纬30度附近,产生了四大文明古国,而只有中国延续了文明,这与长江、黄河息息相关。尼罗河与古埃及文明的兴起密不可分,尼罗河水有规律地泛滥,带来了肥沃的土地,促进了水利灌溉、数学、历法的产生,诞生了世界上最早的卡法拉水坝,这里的人民创造了楔形文字。同时,由于尼罗河流经布隆迪、卢旺达、坦桑尼亚等11个国家,国家之间因水而产生矛盾,甚至引发战争,加之干旱少雨,民生困难,内乱外侵不止。不能不说这是古埃及消亡的重要原因之一。

幼发拉底河、底格里斯河,"两河流域"诞生了古巴比伦文明。苏美尔文明时期,"两河流域"已经建立起了由运河、水渠、堤坝、堰塘、水库等组成的水利系统,但由于土地盐碱化严重,难以种植小麦等农作物,两河流域的文明中心北移至巴比伦地区。随后的巴比伦王国得到快速发展,在当时是世界上最强大的军事帝国,其文明影响到之后的犹太文明、波斯文明、希腊文明等,可谓贡献大焉。

西藏和青海是亚洲河流的主要发源地,中国的母亲河黄河、长江,藏族文明的摇篮——雅鲁藏布江,印度文明的摇篮——恒河、印度河,有"东方多瑙河"之称的澜沧江,有"野生植物博物馆"美誉的独龙江,年均流量为黄河1.6倍的怒江等,都发源于青藏高原。早期的印度文明发源于印度河流域,这里的农业、铜器加工、制陶业、纺织业都有相当的规模和良好的基础。雅利安人进入印度河流域后,创造了自己的文字——梵文,留下了重要的文献"吠陀"。随后,雅利安人进入南亚,其文化中心从印度河上游向东推进至恒河流域,恒河流域逐渐取代印度河流域,成为南亚次大陆的政治、经济和社会活动中心。伴随着孔雀王朝覆灭而来的是战争,加之入主之后的国家带来了自己的文化,以"两河文明"为核心的古印度文明便成了历史记忆。

北纬30度及其附近的自然和地理环境,为四大文明古国的诞生提供了充分的客观基础,尤其是其中的大江大河。四大文明古国,无论是已经消失的,还是如中国这样仍在大力发展的,都为人类做出了积极贡献。

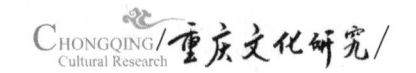

三、伟大的灵魂

中国文化源远流长，中华文明博大精深。中华文明探源工程等重大工程的研究成果，实证了我国百万年的人类史、一万年的文化史、五千多年的文明史。长江、黄河流域的人民做出了巨大贡献，长江、黄河是中华民族的母亲河。

长江流域是我国古代文明的孕育地，也是中华民族的发源地之一。在中华民族的早期，长江流域有巴蜀文化、荆楚文化、吴越文化，随着历史的演进、民族的融合、文化的发展，又发展出了羌藏文化、滇黔文化、湖湘文化、赣皖文化。这些文化的形成，与自然地理、生产生活、民族特点紧密相关。我们常说，一方水土养一方人，同样，一方水土孕育着一方文化，古代是这样，现代仍是这样。自然地理环境因素，可以影响一个人的特性，甚至是文化的特性。

长江全长6300多公里，流域面积占去了中国内陆面积的1/5，横跨中国南方西部、中部、东部，从雪山高原到大山深谷，从山丘平原到江南水乡，从高寒气候到温热环境，不同的自然地理形成了不同的文化特性。这样的环境所产生的文化，既是长江文化多元共生的优长，也是长江文化和而不同、生生不息的原动力。下面，我将书中的论述再略写于后。

巴蜀文化，由居住在长江上游四川盆地及其周边地区的巴人、蜀人所共同创造，是一种区域性共同体文化。长江流经这里的一段，又称川江。这一流域主要由山地和平原构成，物产丰盛，文化繁荣，是中华文化核心主体文化之一。特别是成都平原，为西南文化之中心。巴人善渔猎，重鬼尚巫，信仰白虎，盐业兴盛，居干栏式房屋，曾有悬棺葬习俗，其民质直好义，勇猛善兵战，巴渝舞刚健有力，其很多文化延续至今。蜀人主要居川西平原，农业发达，人民聪敏，开创了被誉为"长江文明之源"的三星堆文化。特别是7条蜀道与中原相通，交流融合，经济社会快速发展，有"天府之国"之誉，文化到宋代达到巅峰。

荆楚文化，是长江中游的代表性文化，系中华文化之南支。由楚人、荆人共同创造。其分布于今湖北、湖南及其相邻地区。由于地处江汉平原，大小湖泊众多，农业发达，有"鱼米之乡"之美称。特别是稻作文化发展很早，考古发现有世界上最早的栽培稻。是老子的故乡，道家文化的发祥地。是屈原的故乡。特别是与中原文化、巴蜀文化、吴越文化交流互鉴后，荆楚文化得到快速发展，成为中华文化之重要组成部分。

吴越文化是长江下游的核心文化。这里平原和丘陵相间,雨水丰沛,水网密布,土地肥沃,气候温和,农业生产发达,人民聪敏,勇而轻死,有"河姆渡文化""良渚文化"等史前文化。尤其是南宋之后,中国文化中心南移,南方文人辈出,到明清时已经成为中国文化中心。

羌藏文化,是由居住在长江源头和上游地区的古氐羌人及其后裔所创造,他们分布在长江的源头、金沙江、大渡河、岷江上游的草原和高山峡谷。他们以畜牧业为主,辅之以农作物种植。生活往往近川谷、傍山险、居石屋,喜豪放之歌舞。

滇黔文化,是由居住在云贵高原,金沙江南岸、长江支流乌江流域的滇黔人民所创造的一种文化。这里民族众多,相对集中而又有杂居,其民族文化既保持个性又互相交融,所以这里是一个多民族文化的复合体。同时,由于有汉族的移入,加之与汉族交往频繁,故这里也受到汉文化影响。

早期湖湘文化属于荆楚文化,有突出的个性:在早期的荆楚文化时期,就有南楚文化的特点;到了北宋,湖南人周敦颐阐发心性义理之学,成为"道学宗主";随后,湖北程颐、程颢和他们的弟子朱熹等一起,创立并形成了理学思想,为中国思想史做出了重要贡献。

赣皖文化,属于长江中下游安徽、江西之交的一种地域性文化。其早期文化形态有些模糊,到现在其文化形态也有些多元,靠近江浙的近吴越文化,靠近湖南湖北的近荆楚文化。我认为,《长江文明》将赣皖文化列为区域性文化,或者一种文化形态,作为长江下游的文化现象不太科学。此地的文化本应归到荆楚文化、吴越文化之中。区域性文化的划分标准不应以现在的行政区划而定,因为有的地方文化特性并不明显,很难通过现在的行政区划概括出具有影响力的文化。我们这里所叙述的是对中华文化、长江文化有贡献的特有的区域性文化,是一种有长期历史积淀的特有文化现象。

长江流域的这些文化,无论是整体特征,还是地域贡献,都是长江流域先民的伟大创造,都是先民伟大灵魂的再现。

中华文明之所以生生不息,中华文化之所以如此强大,是因为我们有长江、黄河,是因为中华优秀传统文化有强大的吸引力,是因为中华民族具有开放、包容、互鉴,并不断努力创造的优秀品质。

中华民族在世界民族之林中之所以坚定自信,是因为我们有厚重的历史文化,有天下大同的胸怀,有共同发展的伟大愿景。

伟大的身躯,伟大的赐予,伟大的灵魂,铸就了伟大的中华民族,我们感到无比自豪、无比荣光,更感到责任重大。我们必须沿着先民所开创的光明大道,站在历史巨人的肩膀上,以更加强大的前进动力,更加昂扬的奋斗精神,踔厉奋发,驰而不息,努力开创属于我们这一代人的历史伟业,谱写新时代中国特色社会主义更加绚丽的华章。

注:文中引用了《长江文明》中的个别观点和相关素材,特此致谢!

用生花妙笔，写刻骨深情
——读傅天琳散文集《天琳风景》

海清涓

2021年7月17日下午，聆听了"祝贺傅天琳新书《诗歌99首》暨创作60周年诗歌朗诵雅集"，抱着《傅天琳诗歌99》和《天琳风景》，我意犹未尽地离开了佳华·九九艺术长廊。

坐在回永川的车上，我小心翼翼地把《傅天琳诗歌99》放进包里，然后小心翼翼地将《天琳风景》捧在手上。

天琳姐是著名诗人，是诗坛常青树，出过很多诗集，获过鲁迅文学奖、全国第二届女性文学奖等多项大奖，在诗坛享有盛誉，拥有众多粉丝。

我曾经买过天琳姐的《绿色的音符》《柠檬叶子》《傅天琳诗集》等诗集，很喜欢天琳姐优美纯粹的诗歌，最喜欢《柠檬黄了》《让我们回到三岁吧》《窦团山问》《月亮上站满诗人》《玻璃桥》等脍炙人口的诗歌作品。

《天琳风景》是花山文艺出版社出版的"'诗人散文'丛书"（第二季）七本之一。诗人写散文属于跨界写作。第一次看到天琳姐的散文集，惊喜自然少不了。清逸别致的封面上，天琳姐灿烂的笑容、行云流水的行书，配上蓝灰色的书脊，柔软的鲜红色书签带，无一不散发着果实和浪花的气息。"四川资中人"，这五个竖排在封面下半部分最前端的字，亲切得让我情不自禁掏出手机拍起照来。我也是资中人，我也是一个住在重庆的资中人。

2016年春天，我在合川参加首届重庆晚报文学奖颁奖活动，天琳姐是颁奖嘉宾，我是获奖作者。我住1003，天琳姐住1005。有文友无意中说到我是资中人。天琳姐高兴地抓住我的手说，哎呀，涓，你是我的小老乡。天琳姐没有一点大诗人的架子，完全就是一个朴实的邻家大姐姐。于是，在称呼上，我把傅老师改成了天琳姐。

打开《天琳风景》，浏览目录，《鱼要回家》和《二姐》让我有一点小骄傲。因为这两篇散文在我的公众号上推送过。《鱼要回家》的点击量和打赏金还打破了这一公众号的历史纪录。

"海有多辽阔，三文鱼的泪就有多辽阔！海有多深，三文鱼的乡愁就有多深！"三文鱼悲壮地洄游，在天琳姐充满悲悯的文字中，产生了恒久的震撼力。不得不承认，诗人的散文，字里行间溢满诗意之美。

读到《记两次女性诗歌研讨会》，"但是在写作时我从未想过要努力创造或者捍卫一种什么主义，说直白点儿，我真的不懂什么叫女性主义"让我的心灵被撼动。我一下觉得75岁的天琳姐像个"70后"少妇，不，像个15岁的少女。准确地说，像初到农场那个涉世未深的、种柠檬树的天琳姐。准备翻下一页时，汽车不知趣地驶出了永川高速收费站，我第一次感觉重庆到永川的距离太近。把书签带放到32页，我轻轻地对自己说，还好，搭的顺风车，没有坐高铁，否则沉浸在作品中的我，就得坐过站了。

回到家，收拾好行李，我迫不及待地靠在床上捧起《天琳风景》。读32开，8个印张，15万字的《天琳风景》，我用了三个晚上加一个半小时。读《天琳风景》，我流泪了，坦白说，我是流着泪读完《天琳风景》的。读完《天琳风景》，我的心情久久难以平静。诗是散文的凝练，散文是诗的舒放。天琳姐的散文，语言朴素，画面清新，情怀厚重，充满人性的光芒，让人耳目一新，令人回味无穷。

《天琳风景》分为上、下两卷，一共收录了37篇散文。上卷"诗歌笔记"收录了23篇散文，细述天琳姐从果园女工到著名诗人的奋斗历程。下卷"天琳风景"收录了14篇散文，真实地呈现了天琳姐从孩提到花信再到古稀的独特人生风景。

读《天琳风景》，我仿佛穿越时空，回到故乡，回到童年。每一个句子，每一个词语，每一个标点，都印着天琳姐深深的足迹，都烙着天琳姐漫漫的诗路。毫不夸张地说，《天琳风景》是天琳姐用心用情用泪用血用爱，像春蚕吐丝那样，一个字一个字从岁月深处一点一点吐出来的。

"不厚不薄一本练习册，写满我十六岁到十八岁的诗。练习册的封面，印着'红梅'两个字，还有几朵红梅花。"读《处女作诞生记》，很容易想到缙云山，想到缙云山上的柠檬，想到缙云山上的云，高远干净的云，神秘空灵的云。我突然觉得，天琳姐就是缙云山上空灵的一朵云，一朵被上天派到缙云山的最白最美的云。

"尽管她什么奖也没得过,她没有傅天琳的好运气,但是她一直在我的仰望中,她是写诗写得最好的那几位之一。""左眩,比我女儿还小几岁的左眩,由衷感谢你!你培养了一个比你妈妈年纪还大的儿童文学新人。""我们最惊讶的是老师不用草稿,天下竟然有不用草稿的,一次性成章!"读《诗人郑玲》《没有左眩就没有〈斑斑〉》《恩师聂云岚》,读到的是一个诗人的博大胸襟,一个诗人的感恩戴义。承认别人比自己优秀,是一种难能可贵的品质。怀揣一颗感恩的心,这个世界在天琳姐的心中才那么可爱和美好。

"我是一个挖了十九年土、种了十九年树的人,和树有特殊的情感。采风路上,见到各种不同的树,就像见到自己不同的人生际遇。"读《我与采风诗》,想起身为中国诗歌学会副会长、重庆新诗学会会长的天琳姐,不光自己到全国各地采风,还想方设法安排会员们出去采风。在石柱大风堡,天琳姐带着我们挥动纱巾,美成风中蝴蝶。在江津中坝岛,天琳姐和我们徜徉于千亩甘蔗林,甜似三岁女童。在江油中华洞天,天琳姐学着我们的样子端坐造浪池的蔚蓝之上,静如海的女儿。在邛崃大梁酒庄,天琳姐领着我们从一排排酒坛中缓缓走过,就像从千军万马中缓缓走过。每次采风,天琳姐的采风诗都写得又快又好。哇,不愧是重庆新诗学会的掌门人!我们除了惊叹还是惊叹。天琳姐曾经语重心长地告诉我们:"除了书本的阅读,知识的积累,还要阅读山山水水,阅读大自然。"的确,艺术创作离不开采风,如果诗人作家不去实地采风,待在家中胡乱想象、闭门造车,怎么能够创作出接地气、有感染力的新时代作品?

《那年八岁》《寻找半枝莲》《白塔下》《我的亲人们》,我读一篇,哭一次。特别是《白塔下》,我更是读得泪流满面,泣不成声。"我们的家在天上,我们到人间注定要吃苦的。母亲柔柔地说。像是说给我们,又像是自言自语。"看似云淡风轻的几笔,却让我深切体会到一位受过良好教育的落难闺秀,在白塔下独自养育三个年幼子女的艰辛。"而我的哥哥,是由我和弟弟抬着、拖着、歇着、撞着,一寸一寸投送到他的归宿地的。"那种无助,那种悲凉,让人难以想象,令人不忍卒读。沱江边,白塔下,泥巴湾,我去过很多次,每一次都有新的感受。泥巴湾以前是偏僻落后的乡村,沱江二桥开通后,泥巴湾迎来蝶变,一个华丽转身,成了美丽乡村。也许,苦难深重的童年,是故乡泥巴湾赐给天琳姐的一笔财富。毕竟,对于一个真正的诗人(作家)来说,每一种经历都是财富。

《大姐》是初读。"大姐把自己变成母鸡,是在她十七岁那年。十七岁的大姐,文静漂亮,活泼天真,本应变成百灵或天鹅的。"大姐是老大,家里失去了顶梁柱父亲,她要帮着母亲把弟弟妹妹拉扯大。从读书到参加工作,天琳姐都是大姐的尾巴,长姐为母,平凡的大姐把这四个字崇高地诠释了一遍。《二姐》是重读。"解开军衣,我才看见那件沉重的钢背心,僵硬了本应柔软的二姐的腰肢。"二姐是上甘岭战场上勇敢的小歌手。在枪林弹雨中护理伤员,参加演出,超负荷劳动损坏了二姐花季的腰椎。巾帼不让须眉的二姐,是最美志愿军女战士。如果说二姐是沱江中游的花木兰,那么天琳姐就是长江上游的李清照。

《刚到农场》中那个体弱多病的小可怜果园女工,变成《小屋的故事》里为母则刚的坚强母亲,仿佛就在一眨眼之间。"和一对儿女睡一张床上,听孩子的梦话,闻孩子的体香,那是多么美好的时光啊!"我读到的是一个充满母性的天琳姐。夏夏和炜炜,这对乖巧懂事的小姐弟,就是天琳姐血中的血,就是天琳姐肉中的肉,就是融进天琳姐骨头里的无限希望。在天琳姐眼里,母爱是女性与生俱来的情愫,是人性中最高的光荣和骄傲,它是照耀性的、笼罩性的,它是没有理由的,不分国籍的,甚至是没有道理的。在泸州摘荔枝,我见到了天琳姐的夏夏和炜炜。端庄优雅的夏夏是外交官,俊朗帅气的炜炜在出版社工作,而且开车技术一流。拥有优秀儿女,成为诗坛女神,上天是公平的,给了左手家庭、右手诗歌的天琳姐最丰厚的回报。

《五十年后,再写一首〈我们〉》:"我却真真被难住了,我说啥诗都有就是没有爱情诗。写爱太阳的算不算,不算;写爱山水的算不算,不算。"读到这里,我忍不住扑哧一声笑了,永远充满童趣的天琳姐,蕙心兰质的天琳姐,冰魂素魄的天琳姐。《我也这样叫她:惠》:"只是惠的照片,实在好看,我爱美的天性不愿伤了这张好看的脸。我用纸将它们包好,夹进日记册里。""天琳,你把我的照片放得这么好,你真好。"是的,天琳姐真好。一个真的好人,一个真的好女人,一个真的好诗人。宽容超过了宽容,善良超过了善良,天琳姐天生一副菩萨心肠,居然和罗大哥的青梅竹马做起了朋友。对另一半的爱情充满同情和理解,把另一半的青梅竹马写得如此凄美动人,天琳姐应该是女诗人中的第一人吧。

"诗雨最爱蓝色,元元最爱红色。两姐妹性格差异和颜色一样,谁说得清其中的奥秘呢。"《人之初》《元元同志的惊人之语》让我读懂了,有一种爱,叫作隔代亲。为了照顾孙辈,天琳姐可以提前退休,天琳姐可以放下写了几十年的诗歌。带大儿女,又带孙辈,天琳姐无怨无悔地为子女辛苦操劳。原来,人生四季,每个季节,都有自己的使命,都有属于自己的那一道风景。用一颗干净透明的诗心引导孩子,孩子想不出类拔萃都难。不信,请到天琳姐的朋友圈去,看看诗雨的超群舞技,看看元元的精湛画艺。

《〈99首〉后记》,我已经在《傅天琳诗歌99》里读了一遍,但是,它既然出现在《天琳风景》

里,我当然得从头到尾再读一遍。"转身进屋,毅然将已经选好的一百首删去一首,成九十九首。最好的那一首,仍未找到,它藏在自己最美的风景,最痛的山水中。"谦虚的天琳姐,低调的天琳姐,虔诚得完全不像一个写了60年诗歌的资深诗人。"一首诗的完成,必须有生命的参与,用眼泪和血液来写,让读者读到你的脉动和心跳。"天琳姐说,"在一首好诗所应具备的若干因素中,我首先崇尚一个字:真!"真,让天琳姐超越苦难,成了一名真诗人。感谢真,改变了天琳姐的生活;感谢真,改变了天琳姐的命运。

《天琳风景》取材真,书写真,情感真,是一篇真善美交织的自传体散文。从泥巴湾到崇庆,到重庆,到缙云山,到通远门,到更多更远的地方。那些如诗的风景,那些如画的风景,那些如云的风景,那些如水的风景,都是天琳姐最真最美的人生风景。

《天琳风景》,一部诗人的成长史诗。为亲人立传,为诗歌作证,天琳姐用手中的生花妙笔,写出了心底的刻骨深情。

合上《天琳风景》,我再一次,泪流满面,泣不成声。

地址:重庆市渝中区枇杷山正街93号

邮编:400013

编辑部电话:(023)63880156　63880157

电子邮箱:cqwhysyj@126.com

微信公众号:cqwhysyjy

网站:www.cqwhysyj.cn

重庆文化艺术研究QQ群号:294222082